聪明的孩子
要知道的
大问题

动物进攻的问题

陈 珍◎编著

山东人民出版社

全国百佳图书出版单位 国家一级出版社

图书在版编目（CIP）数据

动物进攻的问题 / 陈珍编著 . -- 济南 : 山东人民出版社 , 2014.7（2024.1重印）

（聪明的孩子要知道的大问题）

ISBN 978-7-209-08289-1

Ⅰ . ①动… Ⅱ . ①陈… Ⅲ . ①动物—青年读物②动物—少年读物 Ⅳ . ① Q95-49

中国版本图书馆 CIP 数据核字 (2014) 第 035570 号

责任编辑：孙　姣

动物进攻的问题

陈　珍　编著

山东出版传媒股份有限公司
山东人民出版社出版发行

社　　址：济南市经九路胜利大街 39 号　邮　编：250001
网　　址：http://www.sd-book.com.cn
发行部：(0531) 82098027　82098028
新华书店经销
三河市华东印刷有限公司

规　格　16 开（170mm × 230mm）
印　张　10
字　数　80 千字
版　次　2014 年 7 月第 1 版
印　次　2024 年 1 月第 2 次
ISBN　978-7-209-08289-1
定　价　39.80 元

如有质量问题，请与印刷厂调换。(0531) 82079112

目 录

第一章

动物界的"群殴事件"

01 善用围攻战术的狼群

狼

俗话说，猛虎怕群狼。这话一点也不假，自然界中的百兽之王老虎，在嗜血成性的狼群轮番的围攻下也难以幸免于难。狼属于犬科动物，在世界各地都能见到它的踪影。它生性凶残、多疑，而且十分狡猾，并且视觉、嗅觉和听觉都十分灵敏。

狼通常成群活动，奔跑速度很快，各种野生动物和家畜，甚至人都是它袭击和捕食的对象。狼的智商很高，生存的本能使他们学会了思考和警惕，学会了攻击前了解对方以做到知己知彼、屡战屡胜，以最少的牺牲换取最大的胜利。

狼群最讲究团队精神，任何一次猎食都是分工合作，各司其职。每头狼都有自己的任务，不能擅离职守：有些狼要做先锋打头阵，侦查周围情况，骚扰猎物；有些跑得快的狼去围追或者到前面围堵猎物；强壮的狼去猎杀强壮的猎物，弱小的狼去猎杀相对弱小的猎物。对于小型猎物，狼会尝试尽快抓到。对于大型猎物，追逐时间则会延长，以消耗猎物的体力。狼群在捕食鹿时，会采取多路追击的策略，即鹿的后方有狼群追赶，两侧有狼群围攻，当奔跑的路在前方遇到障碍物，不得不转弯时，在两侧等待的狼群就迅速地跟上来，将鹿捉住。狼在捕食时，也会出现这样一种情况，即一匹狼出现在猎物前方，吸引对方的注意力，而另一匹狼则从猎物的后面袭击对方。狼群会通过很多种方法进行捕食，比如布置好陷阱，把猎物

追赶到陷阱里。比如狼从山沟里追逐猎物，其他狼会预先埋伏在挖好的陷阱里。如果碰到成群的猎物，狼会采取分散群体，各个击破的方法。先把它们分散开，让它们不在一个群体里，然后将落单的猎物引入自己的包围圈。一群羚羊在悠闲地吃着草，而不远处的狼群却不紧不慢地等待时机，因为它们早已做好埋伏。狼会采取连环追击的策略，会预先隔一段距离就埋伏一群狼，集体围攻羚羊。伏击的时刻到来了，首先先让一队狼去追赶羚羊，把羚羊赶到预定的方向，追赶了一段距离之后，就由第二群狼队接着去追赶羚羊群，就这样持续追赶下去，直到羚羊筋疲力尽，

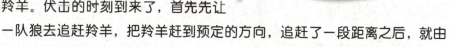

知识链接　狼文化

人们认为狼是狡猾的，但是，狼并没有狡猾、贪婪的本性，它们在狩猎时所运用的智慧及习性的发挥，往往会被人们认为是贪婪、狡猾，并被人们赋予另一层含义，用以形容忘恩负义的人，比如"狼心狗肺"、"狼狈为奸"等。其实，欧亚中部的很多游牧民族都会以狼作为自己民族的图腾，这可能与他们的生存环境、生活习性有关吧。

知识链接　关于"狼烟"

"狼烟"的本意应该是"在烽火台上点燃的警报崇拜狼图腾的草原骑兵进犯关内的烟火信号"。"狼烟"这两个字确实有比狼群更可怕的威吓力和警报作用。草原上生活的人从古至今一直崇拜狼图腾，但是很多词典把"狼烟"解释为"用狼粪烧出来的烟"，

意图是用来恐吓华夏民族；另一方面是用于传达信号的烟的确是用狼粪或其他动物的粪便作为引子来燃烧的。

再也跑不动时，狼群才开始咬杀羚羊。当一只狼咬死一只羚羊后，并不会马上开始进食，而是继续去咬杀其他羚羊，因为它们要为后面的狼群留下足够的食物。狼懂得团结就是力量的道理，如果它们自己无法战胜强大的猎物，就会召集同伴来共同消灭对方，然后共同分享胜利的成果。狼群拥有严格的等级制度，而且具有领域性。群与群之间的领域范围不重叠，会以嚎声向其他群宣告范围。狼用尿液、排便、摩擦地面的方法留下气味记号，来标明领地和防卫其领域遭到侵犯。它们通常把记号做在岩石、树木或大型动物的骨头上。气味记号间隔约为240米，遍布整个领域，这样的标记大概可维持2～3周，如果气味记号与狼嚎没有阻止陌生狼群进入其领域，就会发生激烈的打斗。

知识链接　牧羊人与狼

牧羊人捡到一只刚刚出生的狼崽子，把它带回家，跟他的狗喂养在一起。小狼长大以后，如果碰到狼来叼羊，它就和狗一起去追赶。有一次，狗没追上，就回去了，而狼却继续追赶，追上后，和其他狼一起分享了羊肉。从今往后即使没有狼来叼羊，它也偷偷地咬死一只羊，和狗一起分享。后来，牧羊人觉察到它的行为，便将它吊死在树上。

狮子配合进攻小心谨慎

狮子被人称为万兽之王，是地球上最强大的猫科动物之一，全世界其他猫科动物很难与之抗衡。猫科动物基本不能发出吼叫声，但是狮子是个例外。它的吼声在八九公里之外就能听到。狮子的视力也非常好，能看到距自己很远的猎物，它们集体捕食，速度非常快，效率也很高。

狮子是以雄性为主的群体，一个狮群主要由互相之间有亲缘关系的雌

兽和少数的雄狮组成。一个狮群成员之间并不会时刻待在一起，不过它们共享领地，相处比较融洽。例如，雌狮们会互相舔毛修饰，互相交换照看孩子，当然还会共同狩猎。

狮群中的狩猎工作基本由雌性成员完成。太张扬的鬃毛使得雄狮很容易暴露目标，所以它们很少参与狩猎，不过它们的狩猎能力仍不容小视，在对付大水牛、成年河马等大型猎物时往往还是雄狮坚硬的利爪和强有力的犬齿更有优势。

狮群往往集体狩猎，这些猎手们总是协同合作，尤其是碰到大型猎物

雄狮

知识链接　狮鬃

　　雄狮颈部周围长着一层的鬃毛，名为"狮鬃"，狮鬃颜色有金褐色、咖啡色、黑色。有些狮子的狮鬃浓密而杂乱，有的稀疏且平顺，科学家研究发现，狮鬃又黑又浓又乱的公狮因为长相较吓人，因此很少受攻击，狮鬃太少颜色太淡看起来不吓人的公狮反而常受到攻击。

　　狮鬃在打猎埋伏上并没有任何的帮助。动物专家发现每只狮子的胡子部位特征不会完全相同，就如同人类的指纹不相同一样，因此辨认狮子身份可依靠此特征作为辨识方法，并且不会因为年龄变化而有所改变。

动物进攻的问题

的时候。狮子缺乏长途追击的耐力，只冲刺一小段路程后就筋疲力尽了。因此，大多数情况下它们不得不空手而归。狮群成员们总是从四周小心翼翼地贴近目标，尽可能地利用一切可以用作遮掩的屏障隐藏自己，慢慢地收紧包围圈，把捕猎对象围在中间，然后从各个方向接近，其中有些负责驱赶猎物，其他则等着伏击，伺机在被围的兽群惊慌奔跑时下手。

狮子通常捕食比较大的猎物，例如野牛、羚羊、斑马，甚至年幼的河马、大象、长颈鹿等等，当然小型哺乳动物、鸟类等等也不会放过。有时它们还会仗着自己个头大，顺手抢其他肉食动物的战果，比如哪只在错误时间出现在错误地点的猫科动物，甚至为此不惜杀死对方。另外，它们经常也吃动物腐尸，特别喜欢抢鬣狗的食物。

知识链接 狮子王辛巴

很多人知道辛巴这个名字，大概都是从电影或动画片《狮子王》那里看到的。影片中的小狮子王的名字就叫辛巴。

老狮王木法沙精心照顾着小狮子辛巴。辛巴在老狮王的庇护下，茁壮地成长。但是不幸发生了，辛巴的叔叔为了篡夺王位，把老狮王杀了，小狮子辛巴没有了老狮王的照顾，在草原上到处流浪。但是他在流浪的途中，得到了很多忠心、热情的朋友的支持与帮助，虽然遭受了诸多艰难的挑战，但是最终克服了恐惧，战胜了逆境，最终成为了新一代万兽之王。

以小敌大的鬣狗群

鬣狗虽然外形像狗，其实更接近猫科动物，它的头比狗的头短而圆，毛棕黄色或棕褐色，有许多不规则的黑褐色斑点，喜欢吃兽类腐烂的尸

6

体。鬣狗站起来时，肩部比臀部还高，前半身比后半身粗壮。鬣狗的头比狗头短而圆，头骨很粗壮，四肢分别有四趾。鬣狗身上的毛很稀很粗糙，有的是棕黄色，有的是棕褐色，身上有许多不规则的黑褐色斑点。

鬣狗

鬣狗是群居动物，同时鬣狗本身就很强壮。成年公鬣狗的体重在 60 ~ 70 公斤，鬣狗上下颚和牙齿都坚强有力，颊齿和咬肌都特别发达，显得极为强悍，能咬碎巨大的非洲水牛或斑马等动物头部和腿上最粗壮的硬骨和肉块。它的牙齿咬合力是现有的猫科和犬科动物中最强的，甚至能咬碎骨头吸取骨髓。

鬣狗喜欢在夜间捕食，并且能以每小时 65 公里的速度追逐奔跑速度达每小时 40 公里的斑马或角马群。斑鬣可以单独地、成对地或三只一起猎食，也能整群地进行围猎。单个捕猎往往收获不大，5 次中有 1 次成功就算不错了；然而成群猎食，11 次中就可能有 8 次会有收获。有纪录片显示，鬣狗在单独猎食时，如发现食物，会以嚎叫召唤群体前来，甚至能驱走庞大的狮群。鬣狗是个恃强凌弱的家伙，如果碰到比它强的对手，而自己不占优势时，

知识链接　鬣狗家族

鬣狗科共四种：斑鬣狗、棕鬣狗、缟鬣狗、土狼。

会避免正面接触，当觉得自己有一定的数量优势时才会硬碰硬。

捕食的鬣狗

狩猎斑马时，因为斑马逃跑时是一整群的，而带领的斑马会猛烈地保护自己的同伴。

几十只鬣狗组成的群体，在动物界可以算是达到"遇佛杀佛"的境界吧？三只母狮可以对付两只鬣狗，面对三只鬣狗及以上时母狮才会退缩。可见三只都这么恐怖，何况一群。无论遇到多凶狠的狮子，鬣狗群的招牌就是晃晃地慢慢地接近，围拢上来，还要做好随时逃跑的准备。随着慢慢围拢上来，给对方施加的压力也越来越大，对方就会不战而退，鬣狗也就抢到了食物。对方只要数量少，没有秒杀的能力时候，迫于鬣狗群的压力，就会逃跑把食物让出来。

鬣狗群连狮子都不畏惧，的确是一种强悍的猛兽。它们集体猎食瞪羚、斑马、角马等大中型草食动物，甚至可以杀死半吨重的非洲野水牛，并不是靠吃狮子吃剩的残骸和尸骨果腹生活的弱者，相反，狮子还经常掠夺鬣狗的猎物。鬣狗群是少数以小敌大的动物，是任何凶猛的动物也不可轻视的敌人。

知识链接 雌性统治的群体

鬣狗过着母系社会体系的群居群猎生活。一个群体大到上百只，小到十几只，每群的首领是一个体格健壮的雌性鬣狗。鬣狗的社会组织等级森严，觅食时母首领总能得到一块最大、部位最好的肉食，而且这是理所当然的。因此，有人称鬣狗群是母系社会。

同族群的斑鬣狗很少会互相打斗至严重受伤。很多争吵都会很快解决。但若打斗至失控的情况，高阶的斑鬣狗会干涉及阻止打斗。纵然是互不相识的斑鬣狗，都会尽量避免打斗或杀死对方。斑鬣狗留下的气味标签亦可以防止争端：若一只斑鬣狗需要进入敌对斑鬣狗的领域，它会保持低调及尽量在边界的地方活动。

04 菲律宾雕夫妻配合作战

1894 年，英国一名博物学家在菲律宾萨马岛的热带丛林中进行考察时，第一次发现了这种性情凶猛、喜欢捕食猴子的鸟类，并且采到了它的标本，经过一番仔细的研究，将其命名为食猿雕。食猿雕也被称为菲律宾雕。菲律宾雕是所有大型森林鹰类中最为珍稀的一种。

菲律宾雕拥有一双灰蓝色的眼睛，钩嘴呈灰黑色。它体态强健，相貌凶狠，头部后面有许多柳叶状冠毛，色黄有斑点。遇对手或猎物时冠羽会立即竖起呈半圆形。冠羽高耸，面目古怪，显露出一副"鹰中之虎"的凶狠相。

生活在菲律宾热带雨林中的菲律宾雕喜欢"占山为王"，一对雕

有"食猴雕"之称的菲律宾雕

知识链接 国鸟

鸟类是人类的朋友，国鸟与国花、国旗、国歌的意义相似，是一个国家和民族精神的一种象征。世界上已经有120多个国家和地区确定了国鸟。

不少国家选择了鹰、雕、隼、鹫等猛禽作为国鸟。美国选定了白头海雕。而菲律宾选中了食猿雕，阿尔巴尼亚的国鸟是山鹰、厄瓜多尔的国鸟是大兀鹰、比利时的国鸟是红隼、冰岛的国鸟是矛隼、智利的国鸟是安第斯神鹫，雄鹰则被伊拉克、科威特、阿联酋、印尼、波兰等数十国确定为国鸟。

差不多要占据30平方千米的领地。菲律宾雕栖息于森林上空的树冠部分，短小精悍的体羽使它可以在繁枝茂叶间游刃有余地自由飞行。其主要猎物是各种树栖动物，如猫猴、蝙蝠、蛇类、蜥蜴、犀鸟、灵猫、猕猴及野兔等，在村庄附近，它们还经常捕杀狗、猪等家畜，在啄食猴子时十分凶残，所以有"食猴雕"之称。现今，菲律宾雕仅存不到500对。

菲律宾雕非常专情，一生只有一只伴侣，任何变故都无法动摇它对

知识链接

神俊威武的菲律宾鹰在当地被称作"鹰中之虎"。为了更好地保护和拯救菲律宾鹰，菲律宾政府将其定为国鸟，采取了一系列保护措施。

菲律宾印发的12个邮票选用了菲律宾鹰的形象。1981～1994年以菲律宾鹰的形象铸造了50枚硬币。

爱情的忠贞，可谓是鸟类中的模范夫妻。它俩平时协同狩猎，如遇到一群猴子正在丛林中嬉戏玩耍，这时一只菲律宾雕就会从高空中滑翔，朝地面俯冲而来，猴子顿时惊慌失措，陆续爬到树上。菲律宾雕似乎只是打算冲散这些猴子，慌乱中，几只精疲力竭的小猴子远离了猴群。另一只巨大的菲律宾雕就会及时地朝小猴子猛扑过去，强有力的脚爪抓住了一只猴子，钩状尖嘴猛击猴子的头部，尽管小猴子拼命挣扎，但最终还是无法逃脱巨鹰的利爪。菲律宾雕狩猎时这种夫妇合作，即一个扮演诱饵并起干扰的作用，而另一个则从猎物的背后偷袭，得手的概率相当高。

05 黑猩猩各自分工围追堵截

好莱坞科幻影片经常出现的高达几丈的灵长类怪物，原型就是大猩猩。黑猩猩比大猩猩小，但也不可忽视，野外的黑猩猩也很凶猛，一些中小型动物根本不是它的对手。猩猩是被公认为最接近人类、智商最高的动物，其体形壮大，孔武有力，敢于和任何入侵者作战。

猩猩和其他灵长类动物一样，是杂食动物，主要吃素，但黑猩猩有时也像食肉猛兽一样，围猎捕食小动物。生物学家多次观察到雌黑猩猩可以制作工具来捕猎丛猴。黑猩猩捕食丛猴的场面，那真是惊心动魄、惨不忍睹。黑猩猩群落间会爆发战争，死去的黑猩猩也可能被吃掉。

聪明的黑猩猩会有计划、有谋略地去狩猎。比如锁定了捕猎对象是一只丛猴，它们会先由一头黑猩猩上树驱赶丛猴，地下的黑猩猩分别把守着一方，单等丛猴下了树，自投罗网。丛猴一看来了天敌，吓得吱吱乱叫、抱头鼠窜。上树的黑猩猩龇牙咧嘴，穷追不舍。早晚把一只丛猴从树上逼到了地下。地面上的黑猩猩分工明确，围追堵截，最终将那只小丛猴捉住咬死。首先捉到猎物的那只强壮的黑猩猩，将猎物送进嘴里

黑猩猩能使用一些简单的工具。

大吃大嚼，就像人类津津有味地啃一条烤羊腿。

黑猩猩的智商较高，能使用一些简单的工具。它会利用舔上口水的细枝来粘蚂蚁，并利用两块石头敲开果实。

它们跟人类一样也会有快乐、失望、恐惧、沮丧等各种情绪。黑猩猩有感情，会为亲属的死亡感到悲伤，群体中其他的成员会慰问死者的兄弟。它们有自我意识，照镜子时知道里面那个是自己；甚至还有移情能力，懂得设身处地揣测其他生物的想法，并据此做出自私或无私的行为。

黑猩猩们为了寻找白蚁，来到有地下蚁巢的地方。它们用比较大的木棍来挖掘地下蚁巢，还把一只脚踩在木棍上，将木棍往土里推，就像人类使用铲子那样。一旦发现可以捕捉的白蚁，它们就把工具换成比较小的木棍，并把小木棍塞进蚁巢，吸引白蚁沿着木棍爬上来。而且，黑猩猩还会对工

知识链接　过人的记忆力

最新一项研究显示，黑猩猩比人类更加聪明，至少在短期记忆方面超越了人类。日本京都大学灵长目研究协会研究员松泽哲郎播放了一段视频，显示一只叫作Ayumu的黑猩猩具有不同寻常的记忆能力：当随机地将1～9数字在屏幕上呈现消失，黑猩猩竟然能够回想起每个数字的精确顺序和位置。同时，Ayumu还学会了1～19数字，能够按照升序逐个触摸它们。

知识链接 黑猩猩的呼救

　　黑猩猩是灵长类动物，许多特征与人类接近，深得人们的喜爱。马戏团、动物园，甚至私人住宅都有它的身影，把它作为宠物圈养起来。

　　40年前黑猩猩的数量估计为10万以上，而40年后的今天，黑猩猩可能仅有1万多个幸存者了。在一些国家，黑猩猩已完全灭绝。如果让这种状态继续下去，黑猩猩将在地球上永远消失，为此，科学家已把黑猩猩列入地球上最受威胁的动物种类，呼吁全人类要全面保护黑猩猩。

具进行优化处理，使工具变得更好用。例如，在从蚁巢往外"钓"白蚁时，它们就将小木棍的一端进行处理，以便让更多的白蚁爬上来。

06 以多制胜的貂

　　老虎虽有"森林之王"的美誉，但是只要遇到貂群，也会知趣地悄悄避开。在食肉猛兽中，貂最威猛。貂狼虎豹，貂名列第一。有貂出没的地方，狼虎豹一定回避。貂群的组织非常严密，等级极为森严。在貂群中，分别有貂王、兵貂、保姆貂、还有苦貂，它们会为了保护群体的利益而随时牺牲自己。它们的纪律是所有兽群中最为严格的，就像经过特殊训练的军事组织。

　　貂和狼通常是凶恶残忍的代名词，"貂狼当道"、"貂狼成性"

善于追逐猎物的豺

等等，都是拿凶狠的豺狼来比喻坏人的。

豺居住在岩石缝隙等天然洞穴中，或隐匿在灌木丛中，不会自己挖掘洞穴。豺喜欢群居，由一只较为强壮而狡猾的"头领"带领一个或几个家族临时聚集而成，一群豺少则二三只，多则几十只，别看他们个子不大但集合起来的豺群比狼凶猛，可以说是所向披靡。当群体成员之间发生矛盾的时候，也会互相撕咬，常常咬得鲜血淋漓，有时甚至连耳朵也被咬掉。它的听觉和嗅觉都很发达，行动快速而诡秘。

豺捕猎多在清晨和黄昏，有

知识链接 豺的叫声

豺经常在夜深人静的时候，发出一种长长的、凄厉的、让人不寒而栗的号叫。豺群中有一只豺号叫，就可以引起一群豺号叫，好像它是领唱，其他豺在跟随它进行合唱一般。这种声音非常奇怪，就像是一群迷失了前进方向的探险者在不认识的路上哀嚎一样。它们虽然没有猛兽的叫嚣那么威猛与霸气，但是却让人感觉到嘶哑与尖利，响彻山谷。

真正的森林之王

在我们眼中，"森林之王"非老虎莫属，但是，在森林中，还有比老虎更厉害的，它们一出现，保管让老虎悄悄地避开，它们就是豺群。从体型上看，豺的身体比狼还小，属于典型的中型食肉兽。如果按照个体的力量来排序的话，应当排在食物链的中间位置。但是豺生性凶猛，喜欢群居，一个豺群，少的有十几只，多的足有上百只，虽然它们的身形不及狼，但是它们的整体战斗力要比狼凶猛得多，它们不但敢跟水牛发起挑战，还敢于围攻熊、虎、豹等。而狼是不敢跟这些身强力大的邻居们叫板的。从这一点上看，豺群在森林里才是真正的王者。

时也在白天进行。它们善于追逐猎物，也常以围攻方式捕食，主要捕食狍、麝、羊类等中型有蹄动物。豺的嗅觉灵敏，耐力极好，猎食的基本方式与狼很相似，采取接力式穷追不舍和集体围攻、以多取胜的办法。一般先把猎物团团围住，前后左右一齐进攻，抓瞎眼睛，咬掉耳鼻、嘴唇，撕开皮肤，然后再分食内脏和肉，或者直接对准猎物的肛门发动进攻，连抓带咬，把内脏掏出，用不了多久，就将猎物瓜分得干干净净。

豺群是在所有兽群纪律最严格，组织最严密，等级最森严的；豺群中有豺王，有兵豺，有保姆豺，还有随时准备为群体利益而牺牲自己的苦豺，就像一个完美的军事组织。在印度曾经发生过多起孟加拉虎与一群豺为了争食而血战的事情，结果每次都是在虎咬死、咬伤几只或十余只豺之后，没能冲出重围，终于精疲力竭，倒地不起，被这群穷追不舍的豺活活咬死。

07 龙虱作战一拥而上

龙虱长在水里，是一种珍贵的水生昆虫。它的外形大小像一只蟑螂，但颜色不同，蟑螂是深茶色的，龙虱是黑色的，外壳光滑，像一层过了光漆的盔甲。

龙虱游行的速度很快，它的流线型躯体很像一艘潜艇。两对长而扁的中后足上长着排列整齐的长毛，就像一艘小船。龙虱体小灵活，在水里追逐小鱼小虾的时候，流线型的外壳就像一艘微型的潜水艇，速度惊人。一旦追上一条鱼，它从嘴里伸出细针一样的吸器，插入鱼身，吸吮鱼血，任凭鱼类如何摆动，它都扒在鱼的身体上不会掉下来。有时几个龙虱合力围攻一条鱼，最后将鱼制服，它们便获得了一顿美餐。龙虱除捕食鱼类之外，还捕食水中其他小动物，是养鱼业的害虫。

龙虱不但凶猛而且还贪食。因为除了吃小鱼、小虾、小虫和蝌蚪，连体积比自己大几倍的鱼类、蛙类也会去攻击捕食，猎物一旦被咬伤，附近的龙虱闻到血腥味就会一拥而上。说到贪食，是因为只要碰到食物，它们就会毫无节制，吃撑到在水里浮都浮不起来，但并无大碍，它在水中时间超过一小时后，会在尾部产生一个气体交换泡，进行水下气体交换。它的幼虫状似蜈蚣，同样凶猛贪食，捕食其他小虫子，一昼夜能吃掉 15 只蝌蚪。

龙虱生活在田野、水沟、小溪等水体中，有一小部分生活在卤水或温泉内。成虫的臀腺能释放苯甲酸苯、甾类物质对鱼类和其他水生脊椎动物有显著毒性，会危害稻苗和麦苗。成虫在水里能游，出水能飞，并有很强

光滑黑亮的龙虱

本领高超的潜水能手

知识链接

　　龙虱可以长时间潜入水下，这与它的生理结构有着密切的关系。在龙虱的鞘翅下面，有一个贮气囊，它在龙虱的身上起到了"物理鳃"的作用，同时，龙虱在水中上下游动时还能起定位作用。当龙虱停在水面时，它的前翅只要轻轻抖动，把体内的二氧化碳排出来，再利用气囊的收缩压力，从空气中吸收新鲜的空气，就可以进行气体交换了。当气囊中贮存的氧气用完时，再从水底游到水面上，重新进行氧气与废气的交换。这就是龙虱能够在水中自由活动的奥秘。

的趋光性。

　　龙虱幼虫以小鱼、蝌蚪等动物为食，但它没有明显的嘴，上颚也没有嚼碎食物的功能。它的上颚是中空的，基部有一个分泌消化物质并连着口腔和食管的小洞，靠近尖端有一个吸取液体食物的小洞口。捕到猎物时，它首先从食管里吐出一种液体，通过空心的上颚，注入猎物体内，将其麻醉，同时吐出

知识链接

龙虱的经济价值

　　广西梧州的龙虱制作历史已经有几百年，是梧州人的家常小菜。

　　现代医学研究表明，常吃龙虱对降低胆固醇、防治高血压、肥胖症、肾炎等有良好的效果。龙虱可食用的部位超过80%，除鲜吃外，还可以制成粉剂、浸剂（如龙虱酒），丸剂等食疗食品。

　　目前，龙虱来源大多依靠和人为滥捕，野生龙虱数量逐年减少，以致市场上供不应求。近几年，龙虱人工养殖已在广东、广西获得成功。

具有强烈消化功能的液体，将猎物体内物质稀释，然后吸食经过消化的物质。所以，龙虱幼虫的取食消化方式被称为肠外消化。

 海豚团队作战各显神通

海豚是一种高智商、本领超群的哺乳动物。水族馆里的海豚经过训练后，能表演各种美妙的跳跃动作，还能打乒乓球、跳火圈等等，深受大家喜爱。海豚的大脑是海洋动物中最发达的，它的大脑由完全隔开的两部分组成，当其中一部分休息的时候，另一部分在工作，因此，海豚可以终生不用睡觉。

海豚这种庞大的海洋生物觅食的时候从不会单独行动，它们可是有组织有纪律的。海豚每一次捕猎前都会有组织地分工合作并组成扇形一起出发，首先它们会利用声呐定位系统扫描前方的海域寻找鱼群。同时密切关注海鸟的踪迹，因为海鸟总是追随着鱼群，以鱼群为食。一旦发现目标，它们就会深入水中有序分工或是侧边逆行，或者用肚皮击水的动作把鱼群围起来，并迅速将其赶到水面上。一只只海豚的围追阻截就像一堵坚固的城墙，鱼群插翅难逃。

有的海豚甚至把鱼群赶进无法逃

跃出水面的海豚

知识链接　海豚的皮肤

海豚皮肤结构非常特殊，一共有三层结构，第一层是表皮。第二层是真皮，上有许多小乳头状突起，这些小乳头在运动中能经受很大的压力。第三层是由胶质和弹性纤维交错组成的，中间充满了脂肪。

海豚皮肤的这种独特结构就像"减振器"一样，在水的压力下能灵活地改变形状，有效地防止涡流产生，把水的阻力降到最低。

脱的浅水水域，有的还会用尾巴打晕猎物。这些掠食者的团队作战能力和毁灭性的有效猎食方法确实令人叹为观止。

几只海豚结伴在大海中觅食，突然在海洋深处游动着一个很大的鱼群。

知识链接　海豚音

海豚音是指一些像海豚一样发出的在人类听频范围外的高音调超声波。海豚音，又叫哨音，世界上第一位用这种发音方式唱歌的美国歌手蜜妮莱普顿，她是海豚音的鼻祖。然而海豚音的命名是从国际流行乐坛天后玛丽亚·凯莉开始的。

海豚音用来泛指人类发出的极高的音调。其实，人是无法发出超声波的。海豚音也是至今为止人类发声频率的上限。

这时，他们并没有因为饥饿冲向鱼群，而是不动声色地尾随在鱼群后面，用特有的"吱吱"声，召唤同伴共同作战，直到越来越多的海豚不断加入到队伍当中。当海豚的数量汇聚到一百多只的时候，这才是见证奇迹的时刻，所有的海豚围着鱼群不断地转圈环绕，形成一个巨大的圆形，把鱼群牢牢地圈在中心。接着海豚分成几个小组，按照先后顺序冲进圆形中央，鱼群走投无路，只能乖乖地变成这些海豚的美味佳肴。当这一组海豚吃饱后，它们就会游出来，替换在外面的伙伴，轮流进食。就这样不断的循环往复，直到每一只海豚都能吃到食物。

知识链接 海豚共栖

热带深水海域的陀螺海豚会跟斑纹海豚共栖，它们远离陆地，得时刻警惕着海中的鲨鱼。在夜晚，陀螺海豚积极出猎，因此能注意到危险；白天，由斑纹海豚换班来做警戒工作。聚集在一起的海豚，最多的时候能够达到一万只，集体出动时，在海中延伸几千里长，非常壮观。

第二章
利刃傍身解决突发作战问题

身披盔甲全副武装的印度犀

剑鱼仗剑无人敢欺

拥有长爪利器的冷艳杀手食火鸡

把獠牙作为格斗武器的疣猪

"伏击专家"螳螂的完美铡刀

针鼹"万箭齐发"群起攻击

随身携带钓具就地野餐

棕熊长爪一拍足以击碎对手脊背

拥有超级下颚的陷阱颚蚁

蜜蜂动用尾刺两败俱伤

09 身披盔甲全副武装的印度犀

印度犀是一种最原始的犀牛，皮肤又硬又黑呈深灰带紫色，上面附有铆钉状的小结节；在肩胛、颈下及四肢关节处有宽大的褶缝，看起来就像穿了一件盔甲。雄性鼻子前端的角又粗又短，而且十分坚硬，所以又被称为"大独角犀牛"。

犀牛角是印度犀最厉害的武器。

印度犀属于濒危珍稀类保护动物。现在仅产于尼泊尔和印度东北部。印度犀身上有明显的皮褶，皮上还有许多圆钉头似的小鼓包，好像披着一层厚厚的铠甲，但皮褶之间

知识链接 "独角兽"的化身

被人们视为传说中古天竺国"独角兽"的化身的印度独角犀，是当今世界的史前特有物种。它属于奇蹄目犀科，体型巨大，四肢粗壮，皮肤粗糙而坚硬，头上虽然只有一根角，但是其锋利程度及杀伤力不啻一根古罗马的撞城锤。成年犀牛的体重平均为3.5吨，体型仅次于大象，体重仅次于河马，属于陆生大型哺乳动物。

知识链接　犀牛角的药用价值

　　犀牛角，是犀科动物印度犀、爪哇犀、苏门犀等的角。性味酸咸，寒。为清热药，清热凉血药。功能清热、凉血、定惊、解毒。

　　犀牛角被人们誉为"灵丹妙药"。犀牛角可治疗呕吐，水痘等多种疾病。在中东，犀牛角是青年小伙子传统的自卫、御敌武器和随身装饰品。据称，一把精制的犀牛角匕首，竞价值1.2万美元。正因为此，犀牛在近百年来曾遭受大规模捕杀，有些品种几近绝迹。

知识链接　犀牛的种类

　　世界上一共有5种犀牛，即白犀牛、黑犀牛、印度犀牛、爪哇犀牛和苏门答腊犀牛。其中，白犀牛和黑犀牛生活在非洲，而印度犀牛、爪哇犀牛和苏门答腊犀牛则属于亚洲犀牛，通常生活在巴基斯坦北部、印度的阿萨姆邦、尼泊尔、不丹和孟加拉国。其中印度犀牛则只生活在印度北部的阿萨姆邦和邻国尼泊尔的一些地区。

的皮肤却很细嫩，容易受到蚊虫叮咬，因而它们几乎每天都进行泥浴来防止蚊虫叮咬。

　　犀牛是唯一可以穿越大片荆棘植物丛而不会感到明显不适的动物。它们粗厚的表皮可以抵挡十分尖锐的刺。它们还能毫不费力地将10厘米长的尖刺磨碎，吞进腹中。印度犀的皮坚厚，常被当作武将盔甲的原料，表面还有钮状的疣，印度犀犀角的形状短圆，又不十分锋利，而且只有一根角，但是它以每小时50千米的高速冲击过来，力量不啻一根

古罗马的撞城锤。犀牛角虽然是它们最厉害的武器，但却是由毛发构成的，不属于骨骼的一部分，在折断后可以再生。印度犀的厉害之处还在于，其下颌犬齿如同两柄短匕首，非常发达，即使大象也不是它的对手。

印度犀除交配期外也是单独生活，每天在清晨和傍晚出来觅食，白天休息，主要觅食各种草、芦苇及细树枝、树叶等。在印度犀身上常有小鸟站在上面，两者之间非常友善。因为印度犀对小鸟来说可谓是提供食物的场所，小鸟是来啄食寄生虫的。小鸟有时还会起到警戒作用，稍有异常，它会鸣叫着飞离犀牛的身体。

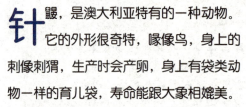

10 针鼹"万箭齐发"群起攻击

针鼹，是澳大利亚特有的一种动物。它的外形很奇特，喙像鸟，身上的刺像刺猬，生产时会产卵，身上有袋类动物一样的育儿袋，寿命能跟大象相媲美。

针鼹的外貌像刺猬，但这些刺并没有牢牢地长在身上，它的身体背面布满长短不一、中空的针刺，体表还有褐色或黑色的毛。针鼹有呈管状的长嘴，鼻孔开在嘴边，舌长并带黏液，主要以白蚁和蚂蚁为食，有时也吃其他昆虫和蠕虫等小型无脊椎动物。

针鼹身上长有短小而锋利的针刺。

针鼹身上短小而锋利的针刺是它的护身符。碰到敌人的时候，针鼹有两个绝招。一个是受到惊吓时，它会像刺猬那样，迅速地把身体蜷缩成球形，或钻进松散的泥土中迅速消失，使敌人看到的只是一只没头没脑的"刺球"，难以下手。另外，它的四肢短而有力，趾尖长着锐利的钩爪，能快速挖土打洞，

然后迅速钻进洞里，或者钩住树根，或者落到岩石缝中，使对方无法吃掉它。一旦遇到敌人，针鼹就会竖起身上的尖刺缩成球形，严阵以待，如果这样还不足以吓退敌人，等到敌人靠近它时它就要出杀手锏了，身上的针刺一碰到敌人马上就刺入敌人体内，这时的针刺脱离了针鼹的身体，它就趁机溜之大吉。过了一段时间以后，针刺脱落的地方又长出新的针刺。

针鼹那像铲子一样粗壮的腿更适合于挖掘而不是行走，它能够同时用四肢挖掘，它把地面上的土刨到身体两边，这样它就可以垂直地往下钻。

知识链接 针鼹与刺猬有什么不同？

针鼹与刺猬是迥然不同的动物，在亲缘关系上相距甚远。针鼹和刺猬最大的不同是针鼹有锐利的爪子，善于掘土。它后腿上的爪子很长，也可用于打扫整理自身表皮，这种本领远非亚洲的刺猬可比。刺猬是食虫类哺乳动物，针鼹却是鸭嘴兽的近亲，同属于哺乳动物中的单孔类，消化道、排泄道与生殖道均开口于身体后部的泄殖腔内，所以也是一种原始、低等的奇异哺乳动物。

知识链接 针鼹捕食

针鼹一天有十八个小时外出觅食，用鼻子探测寻找蚁类和蚯蚓及其他无脊椎动物，它的口鼻可以发现、感受到十分细微的生物电子信号，敏捷地捕捉食物。针鼹最主要的捕食对象是蚂蚁。针鼹能够非常有技巧地使用它那长长的、坚硬的舌头摸索着深入蚁巢。针鼹会在蚁巢用餐长达半个小时，吞食几千只白蚁。它不能咀嚼，因为它没有咀嚼肌，也没有牙齿，它只能把食物放在舌头的后部压碎。

11 剑鱼仗剑无人敢欺

有一种深海鱼，它的上颌又尖又长，像一把锋利的宝剑，这就是剑鱼。因为游行的速度快，如同离弦之箭，也被称为箭鱼。它的身体呈棱形，背部深褐色，腹部银灰色，身材修长，平均体重为 68 ～ 113 千克。背鳍招展如旗，需要降低速度时，就将旗展开，增加阻力。当露出水面时，就会像渔船驶帆一样。

剑状长颌是攻击和捕食的主要武器。它的捕食方法很独特，喜欢将鱼群驱赶到一起，先再给它们制造混乱，然后猛力冲击鱼群，用"宝剑"刺杀。当它遇到一群鲭鱼，就会先侧身从水中跃起，反复几次后，因为强大的冲击力量使得大部分鲭鱼被震得晕头转向，就在这时，剑鱼又以闪电般的速度在鱼群中横冲直撞，凭借头上那把锋利的"宝剑"，没过多久就刺死了数十条鲭鱼，然后狼吞虎咽地饱餐一顿。

剑鱼虽然凶猛，但是生性胆怯，怕受到惊吓，所以常常会避开一些大型鱼类。不过一旦被激怒，它就会毫无畏惧地向大型鱼类或船只发起猛烈冲击。它飞出海面的爆发力很强，经常冲出海面以剑状上颌攻击大型鲸类和鱼类，也曾攻击过船只，致使船沉没。

左图为生性胆怯又凶猛的剑鱼，右上下图分别为波音团队和洛克希德—马丁公司团队的"N+3"超音速飞机方案。

在第二次世界大战期间，就曾发生过剑鱼攻击油船的事件。当时英国的"巴尔巴拉"号油船航行在大西洋上。船上的水手们忽然间看到远处有一个细长的、黑色的东西以极高的速度向油船扑来。因为速度太快，油船已经来不及躲闪。瞬间，不明黑色物体跟油船接触了，并发出了巨大的响声。随后，海水就从一个大窟窿里涌进了船舱。水手们都怀疑油船可能遭到了鱼类的袭击。后来才发现，原来是剑鱼袭击了油船。剑鱼用其上颌上锋利的"剑"直接刺透了船舷。它拔出"长剑"之后，又刺了两个地方。最终，因为剑鱼没有力气再继续"战斗"而被俘。

知识链接　剑鱼与超音速飞机

人类的很多发明创造，都是从动物身上得到的启发，超音速飞机的发明，就是飞机设计师根据剑鱼能够快速游泳的体型得到的启发。飞机设计师仿照剑鱼的外形，在设计飞机时，在机身前端安装了一根长"针"，安装这根"长"针的目的，是通过它来刺破高速前进中的产生的"音障"，超音速飞机就这样被创造出来了。

知识链接　海中动物的游行速度比较

鲸类：鲸55千米／时，长须鲸50千米／时，虎鲸65千米／时，抹香鲸22千米／时；鳍脚类：海狗24千米／时，海象18～20千米／时；鱼类：剑鱼130千米／时，旗鱼120千米／时，飞鱼65千米／时，鲨鱼40千米／时；头足类：枪乌贼41千米／时，金乌贼26千米／时，短蛸15千米／时。由此可以看出，剑鱼的游行速度在鱼类当中是最快的。

剑鱼通常在水表层洄游，有时露出背鳍，有时跃出水面。它们喜欢活跃在上中水层，游动的时候，经常将头和背鳍露出水面，用宝剑般的上颌劈水前进，速度飞快，每小时可达百余公里。剑鱼不但速度快，潜水能力也不弱，它还可以潜入水中 500～800 米深处，追捕鱼群和其他水生动物。

 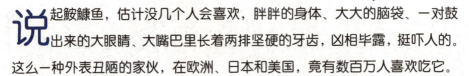

12 随身携带钓具就地野餐

说起鮟鱇鱼，估计没几个人会喜欢，胖胖的身体、大大的脑袋、一对鼓出来的大眼睛、大嘴巴里长着两排坚硬的牙齿，凶相毕露，挺吓人的。这么一种外表丑陋的家伙，在欧洲、日本和美国，竟有数百万人喜欢吃它。

鮟鱇鱼平时喜欢潜伏在海底，并不擅长游泳。有时借助于胸鳍在海滩涂上缓慢滑行，每移动一步就哼哼一声，发出的声音酷似老头在咳嗽。所以，在我国北方沿海又称它"老头鱼"。

因为长期生活在深海中，鮟鱇鱼不爱游动，捕食机会也很少。鮟鱇鱼就利用头顶上的鳍刺作为诱饵，背鳍最前面的刺伸长像钓竿的样子，前端有皮肤皱褶伸出去，看起来很像鱼饵。除适时变色适应环境外，其生存绝招还在于身上的斑点、条纹和饰穗，俨然一副红海藻的模样，尤其那种身披饰穗的鮟鱇鱼，更擅长潜伏捕食和逃避天敌追杀。

鮟鱇鱼头上的那盏"小灯笼"含有能够发出不同颜色光的荧光素。当鮟鱇鱼猎捕食物时，就会轻轻摆动背

鮟鱇鱼猎食

鳍，"小灯笼"晃来晃去，就像小鱼一样在水中游来游去，引诱猎物上钩。那些不知底细的鱼儿被这"钓饵"迷惑，马上游过来想饱餐一顿。哪里料到鮟鱇鱼大嘴一张，上钓的猎物就被它吸了进去。鮟鱇鱼的大嘴好像一个功率强大的水泵一样，足有30多厘米宽，里面布满了极为狰狞恐怖的针状牙齿。

生物学上把这个小灯笼称为拟饵，小灯笼之所以会发光，是因为在灯笼内具有腺细胞，能够分泌光素，光素在光素酶的催化下，与氧作用进行缓慢的化学氧化而发光。于是小灯笼就成了鮟鱇鱼引诱食物的有力武器。但有的时候也会给它惹来一些小麻烦。闪烁的灯笼不仅可以引来小鱼，还可能吸引来凶猛的敌人。当遇到一些凶猛的鱼类时，鮟鱇鱼就不敢和它们正面作战了，它会迅速地把自己的小灯笼塞回嘴里去，顿时海洋中一片黑暗，鮟鱇鱼趁黑暗转身就逃。

鮟鱇鱼的捕食方法类似人类战争中的拟态战术。被称为蛤蟆鱼的鮟鱇鱼，也有吃"天鹅肉"的本领。有一种被渔民称为"海钻"的海鸟，喜欢吃海藻。鮟鱇鱼在退潮的水流中，身上的皮质突起会像海藻一样在水中浮动，"海钻"经常会误认为是"礁石"上的海藻而叼食，结果被鮟鱇鱼一口咬住，葬身鱼腹。

知识链接　鮟鱇鱼奇特的婚姻关系

鮟鱇鱼一经孵化，幼小的雄鱼就马上找"对象"，一旦找到了"对象"便立即附着在雌鱼的身上。有的附着在头部或鳃盖下面；有的附着在腹部或身体侧面。当幼小的雄鮟鱇鱼附着在雌鱼身上以后就发生了一系列的变化，除了生殖器官继续长大以外，其他器官一律停止发育，最后完全退化。雄鱼依附在雌鱼身体上依靠雌鮟鱇鱼身上的血液来维持生命活动，

🔍 知识链接 **鲅鲲鱼的价值**

鲅鲲鱼富含维生素 A 和 C。它的尾部肌肉可供鲜食或加工制作鱼松等，鱼肚、鱼子均是高营养食品，皮可制胶，肝可提取鱼肝油，鱼骨是加工明骨鱼粉的原料。

鲅鲲鱼还有很高的药用价值。肝脏提取物对某些癌症具有 30% 的抑制率。鱼胆可提取牛磺酸和氨基乙黄酸，临床上用以消炎，清热解毒。民间常把鱼骨焙干成粉，调麻油，治疗疮疖。欧洲一些国家还从它的胰腺中提取胰岛素，用以防治糖尿病。

13 拥有长爪利器的冷艳杀手食火鸡

大家都知道，非洲鸵鸟是世界上体型最大的鸟类，作为它的近亲，澳大利亚鸵鸟位列第二，而第三名就属于鸵鸟的远亲——食火鸡。其实食火鸡并不吃火，但是却经常啄食小石子、碎玻璃、铁片之类的异物用以消化食物。之所以叫食火鸡是因为当地的土著人以为它脖子上的鲜红色肉垂是因为吞噬火炭所致。

食火鸡看上去是鸵鸟和火鸡的混血，生活在澳大利亚和新几内亚的热带雨林，善于奔跑和跳跃，翅膀很小，不能飞，但是双脚发达，善于行走，可以越过两米高的障碍物，以 50 公里时速穿越密林。这种不会飞的鸟远比鹰

食火鸡锋利的趾爪和粗壮的腿部。

知识链接　食火鸡的火冠

食火鸡最突出的特点是头顶有一个又高又扁的角质盔，这个头冠有利于食火鸡在密林中拨开树枝前进，或是翻开地面上的落叶杂草寻找果实和昆虫。

据最新研究发现，食火鸡的头冠还有另外的神奇之处，这种巨大的森林鸟能发出一种人类听觉几乎觉察不到，而且听起来很不舒服，频率极低的叫声，能穿透厚密的森林传送出去，而且头冠是同伴叫声的接收器，这一奇特的功能与大象用次声波交流殊途同归。

和夜枭更加凶猛，虽然学名叫"鹤鸵"，但却是一位桀骜不驯的杀手，以拥有 12 厘米长、类似匕首一样锋利的爪而著称，所以又有"杀人鸟"之称。食火鸡的腿，可能是所有鸟类中最致命的武器，它的脚掌上生有三个脚趾，长达 120 毫米，趾爪锐利，内趾藏有长长的刀锋形趾爪。力量之大据说可以踢穿几厘米厚的铁板，足以蹬死当地任何动物。粗壮有力的双足，加上锋利的趾爪踢腿的爆发力相当惊人，不但能轻易撕破动物和人类的腹部，还能将其内脏钩出，而对付狗和马只需一击即可致命。

食火鸡平时性格温顺，但是如果有天敌侵入它的领地，那么它会不顾一切地率先向对方发起攻击。有人曾目睹一只羊误打误撞闯进了食火鸡的地盘，只见一只"食火鸡"低着头，顶着它那著名的角质盔以大约每小时 50 千米的速度从灌木丛中冲了出来，不顾一切地朝羊冲了过去，直接把羊撞倒在地，然后挥动利爪在羊的肚子上划了几道口子，长爪一钩，鲜血直流，内脏被掏出。毫无反抗能力的羊奋力挣扎了一会儿便悲惨死去。

食火鸡单栖或成对生活，在密林中有固定的休息地点和活动通道。主要捕食真菌类、蜗牛、昆虫、青蛙、蛇和其他小型动物。食火鸡的领地意

识很强，当人误入食火鸡领地时，它由于惊恐会进行自卫，进而攻击人类。这些通常看起来很胆怯的动物还以主动出击而闻名，即使受害者不再对它造成威胁它仍会穷追不舍。

知识链接 "洞房花烛" 仍旧好斗

动物园里的食火鸡是单独放养的，因为它们在繁殖期依然不改好斗的本性。等到雌雄双方都发情的时候才会关在一起促成交配。这项工作至少需要三名饲养员协同合作完成。交配完毕后，一名饲养员就会紧紧拽住雌鸟的肉垂，其他饲养员就会迅速将雄鸟赶出去。否则雌鸟会不念旧情，暴打雄鸟实行"家庭暴力"。体型较小的雄鸟可能会产生恐惧，影响以后的交配。

知识链接 "超级奶爸" 雄食火鸡

雌鸟产下卵后就把孵化的重担交到雄鸟的身上。幼雏出壳后雌鸟还是不闻不问。雄鸟就变成"超级奶爸"，既当爸又当妈，继续承担养育幼雏的责任。

两个月大的食火鸡体型和普通家鸡相差不大，但是活泼好动，兄弟姐妹之间互相打斗。食火鸡爸爸采取武力镇压的办法，对孩子们采取惩罚措施。可没过多久，孩子们又故态复萌，打斗如初。9个月后小食火鸡就脱离家庭独自生活。食火鸡爸爸宣告结束"超级奶爸"的日子。

14 棕熊长爪一拍足以击碎对手脊背

迪士尼动画片小熊维尼系列里有一只穿着红衣服的小熊维尼，它爱吃蜂蜜，纯真可爱，虽然有点儿笨拙但却非常善良，是大家公认的好朋友。

可是现实中的熊却没那么可爱。就拿棕熊来说吧，棕熊是世界上第二大的熊科动物。棕熊肩背上隆起的肌肉使它们的前臂十分有力，前爪的爪尖最长能到 15 厘米。由于爪尖不能像猫科动物那样收回到爪鞘里，所以爪尖相对比较粗钝。尽管如此，它们前臂在挥击的时候由于力量惊人，"粗钝"的爪子仍能造成极大破坏。据说一只成年的大棕熊，前爪的挥击足以击碎野牛的脊背，可见力量之大不可小觑。野牛性情凶猛，遇见狮子也毫不畏惧敢于挑战，但是碰上棕熊只能甘拜下风了。

对于生活在阿拉斯加沿岸的数千头棕熊来说，大马哈鱼产卵的季节也是它们夏季捕食狂欢的时刻。对棕熊们来说，捕食大马哈鱼的方法有很多，它们大都是在阿拉斯加沿岸耐心地等待，因为这里的大马哈鱼可以让它们美美地饱食一顿。比如棕熊会守候在有瀑布的地方，当大马哈鱼从瀑布中跳出时，棕熊早已张开大嘴等候。棕熊捕鱼的区域是不固定的，有时在浅水区域，有时在深水区域，这取决于它们的猎物出现在什么地方。棕熊在浅水区域捕鱼时，它们发现大马哈鱼出现时，会迅速地朝它猛扑过去；棕熊在深水区域捕鱼时，它们就会用自己的大脚掌用力

棕熊

地向水面击打。一些棕熊也会坐在瀑布下，用脚爪在水下摸索抓鱼。棕熊在捕食大马哈鱼的时候，会抓住大马哈鱼不放，直到猎物无法反抗。在捕食大马哈鱼时，棕熊之间也会发生争夺的情况，有时它们还从自己的同类口中强抢猎物。

棕熊体型庞大笨重，也能爬树和直立行走，但动作不够灵活，平时行走很缓慢，但是它们奔跑的速度可达到每小时 56 千米。由于耐力很好，它们可以保持这样的速度连续奔跑。棕熊是杂食动物，它们以植物、鱼、腐肉、鸟和哺乳动物以及其他一些食物为生。除了人类，它们没有天敌。在寒冷的月份，棕熊会在洞穴或

知识链接 棕熊抱着鱼打盹

有一位摄影师拍摄到一只阿拉斯加棕熊在捕食成功后，竟然抱着鱼在水中打起了盹。

棕熊常常在捕到鱼后，会踱步走到浅水区坐在那里，悠闲地享受美餐。但与其他棕熊不同，这只雌性棕熊总是在水里打盹，激烈的捕鱼活动把它弄得疲惫不堪。最终，它到浅水区坐下，用胳膊夹住"战利品"，立马打起盹来。但是不一会儿，它就被其他经过的棕熊吵醒了。

知识链接 棕熊的领地

棕熊主要在白天活动，性情孤独，除了繁殖期和抚幼期外，都是单独活动。在森林中每个个体都有自己的领域，常常在树干上留下用嘴咬的痕迹，站起身来用爪子在树干上抓挠而留下的痕迹和在树上用身体擦蹭而留下的痕迹等，作为各自领域边界的标志，以免互相侵犯。

地下的洞内冬眠，冬眠期间依靠储备的脂肪生活。为保存能量，它们的体温降低大约 4℃，心跳和呼吸的频率也降低。

15 把獠牙作为格斗武器的疣猪

面目狰狞的疣猪，被认为是世界上最丑的动物之一。它的背上长着一道长长的灰色鬃毛，脑袋和身体的比例严重失调，而两眼之下还长着一对像巨型青春痘的尖疣，4颗巨大的獠牙就像要把脸撑破似的，更加让人望而生畏。运动时，尾巴直立，尾尖上的一簇毛不时抖动。

它们非常擅长挖洞，偶尔也会霸占其他动物的洞穴作为自己的家。它们在进入这些洞的时候是后半身先入，头始终对着洞口，这样就能先用它的獠牙来对抗入侵者。疣猪相当聪明，晚上回家休息时会倒退着进洞以窥伺周围是否有猎食者跟踪尾随，早晨出门时则以最快的速度冲出洞穴，以躲避任何可能在洞口等待的掠食者。

疣猪看似弱小，饱受食肉猛兽的欺凌，其实它们的獠牙是一件十分厉害的武器，经验不足的豹和猎豹等随时会被刺伤甚至刺死。可是碰到狮子时便往往没有反抗余地。幸运的是狮子平时似乎不大喜欢吃它们，只有食物短缺时，狮子才会勉强捕杀疣猪充饥。

有人曾发现一只饿极了的狮子

疣猪

经过疣猪的洞口，发现了躲藏在洞中的疣猪，于是打算探视一下洞内的情况，当它把头往洞里一伸，疣猪便迅速地把獠牙深深刺入狮子的颈部。经过一番激烈的搏斗，受伤的狮子拼命挣扎，折断了疣猪的牙齿退出洞口。然而疣猪长达30厘米、弯刀状的利齿留在狮子的伤口处。最终狮子还是因为流血过多死亡。疣猪虽然杀死了狮子，也因为搏斗中受了重伤而猝死洞中。

纪录片中曾经看过非洲疣猪对豹子发动猛攻的场面。三头疣猪狂追一头豹子，豹子仗着腿快，逃得无影无踪。一头大疣猪驱赶前来捕食疣猪幼仔的豹子，豹子开始还想对抗，等疣猪青面獠牙地冲过来它掉头就逃，疣猪的速度也发挥出来，豹子一着急就上了树，结果野猪也往树上扑，竟然蹦上了豹子待的树权，豹子掉头上了更高的树权，算是逃过一劫。

非洲疣猪奔跑时的速度最高可达每小时54.4千米，它们通常习惯竖着尾巴小跑步。疣猪的生存能力很强，非常适应高温和干旱环境，能够在连续几个月没有水的情况下存活。疣猪通常在白天觅食，吃青草、苔草及块茎植物，偶尔也会吃一些腐烂的肉。非洲疣猪在寻找地底下的食物时会跪在地上用獠牙及嘴挖掘地底下的球茎和块茎吃。因为找食物所锻炼出来的掘地功夫，它的觅食活动并不会破坏它生活的土地，反而是有益的。它们吃

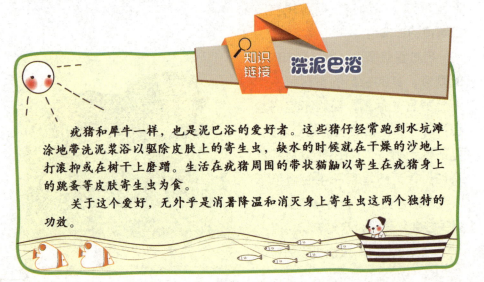

知识链接　洗泥巴浴

疣猪和犀牛一样，也是泥巴浴的爱好者。这些猪仔经常跑到水坑滩涂地带洗泥浆浴以驱除皮肤上的寄生虫，缺水的时候就在干燥的沙地上打滚抑或在树干上磨蹭。生活在疣猪周围的带状猫鼬以寄生在疣猪身上的跳蚤等皮肤寄生虫为食。

关于这个爱好，无外乎是消暑降温和消灭身上寄生虫这两个独特的功效。

知识链接 疣猪"彭彭"

　　欧美各国家喻户晓的《狮子王》动画中，疣猪彭彭是狮子王辛巴的好朋友，这个搞笑可爱的大嘴疣猪彭彭一直是孩子们追捧的动画形象之一。

知识链接 A10疣猪战斗机

　　A10疣猪战斗机拥有于低空速、低高度之优异操控性能。他们能够长时间盘旋于任务区域附近做300米以下的低空飞行，并拥有2.4公里的可见度。这架飞机的宽且直的机翼设计使其能于短距离起飞或着陆，能迅速地进出前线战区，能够拥有可靠的低速飞行能力的同时拥有惊人的续航力。

植物的根时，对泥土的搅拌使得土壤变的松散透气，有助于以后植物的生长。

16 拥有超级下颚的陷阱颚蚁

鲨鱼和短吻鳄能用下颚杀死猎物，可是速度最快的当属小小的蚂蚁——陷阱颚蚁。陷阱颚蚁的颚移动速度居动物世界之首。

陷阱颚蚁也叫大齿猛蚁，虽然它只有0.8厘米长，却拥有一双像锯齿一样，又长又有力的下颚骨。陷阱颚蚁的上颚平均0.13毫秒开合一次，比人类眨眼速度快2300倍，猛蚁头部肌肉强而有力，咬合力可达自身重量的300倍。如果陷阱颚蚁张开它的"下颚"，当小昆虫经过它的嘴边时，陷阱颚蚁

陷阱颚蚁

就会猛地张开下颚，咬住猎物。可怜的小昆虫，十有八九会丢掉小命。

🔍 知识链接　**蚁巢**

蚁巢有各种形式，大多数种类在地下土中筑巢，挖隧道、小室和住所，并将掘出的各种东西和叶片堆积在入口附近，堆成小土丘，起保护作用，也有蚂蚁用植物叶片、茎秆、叶柄等筑成纸样蚁巢挂在树上或岩石间。有的蚂蚁生活在林区朽木中。

有的蚂蚁将自己的巢筑在别的种类的蚁巢中或旁边，而两"家"并不发生纠纷，能够做到和睦相处。无论不同的蚁类或同种的蚁，一个蚁巢内蚂蚁的数量有很大的差别。最小的群体只有几十只或近百只蚁，也有的几千只蚁，而大的群体可以有几万只，甚至更多的蚁。

文莱婆罗洲的自杀炸弹蚁在接近敌人时迸裂自己的身体，喷射出黄色有毒黏液，瞬间与敌人同归于尽。

非洲加纳的编织蚁袭击一只比它强悍得多的行军蚁。编织蚁领地观念很强，而行军蚁是"游牧民族"，在行军中发现敌人就迎头痛击。

在美国的亚利桑那州，蜜罐蚁相互围成仪式性的"桩式"战斗阵形，降低在战斗中的伤亡。

掠夺蚁的小工蚁袭击一只不幸误入他们路线中的聚纹双刺猛蚁。这些小型工蚁可以扎倒体型庞大的聚纹双刺猛蚁，随后大型掠夺蚁赶到，用强有力的颚部将敌人咬碎。

生活在哥斯达黎加的陷阱颚蚁工蚁，向行军蚁射毒液以保护自己和幼虫。

鸟儿都爱吃陷阱颚蚁，但是陷阱颚蚁并不会乖乖地等着束手就擒。所以，遇到险情的时候，它会合住下颚，猛地撞击地面，只听到"砰"的一声，其反作用力会让它跳到 8 厘米的高空然后落在 40 厘米之外，犹如一个约 1.7 米的人纵身跳高 13 米，在 40 米外落地。落地后，它们通常打一个滚，然后继续前行，有时它们还会在"飞行"过程中抓一些东西"垫背"。

大齿猛蚁的头部有一对强有力的肌肉，使得它的下颚打开、合上就像一个弹簧一样。大齿猛蚁的嘴像一张弓箭，也就是说，在强有力的肌肉带动下，大齿猛蚁的嘴巴能够张得很大，因此能够积蓄很多力量；然后再通过嘴巴上下颌的迅速闭合，释放出巨大的冲击力，因此能把自己弹到"高空"。如果它咬的物体太坚硬，反作用力会让它的身体迅速弹开，一击不中，立马逃走。但因体重很轻，不会摔伤，所以天敌来时，常用此招逃命。

"伏击专家"螳螂的完美铡刀

螳螂身形纤细而优雅，身体呈淡绿色。它的头可以朝任何方向自由转动，镰刀形的前肢长而有力，上面带有非常锋利的尖刺，在捕食时能牢牢抓住猎物。

螳螂标志性的特征是两把大刀。大刀上长有一排坚硬的锯齿，末端各有一个钩子，用来钩住猎物。螳螂只吃活物，它们长时间在一个地方蹲点守候，只对那些停下的昆虫感兴趣，对于在空中飞行的猎物，从来就不理会。天性残暴好斗，缺少食物的时候常常上演大吞小和雌吃雄的悲剧。

螳螂一看到蝗虫，会忽然摆出可怕的姿势：张开翅膀，斜斜伸向两侧，后翅直立，犹如一艘船的帆，身体上端弯曲像一条曲柄，并且发出毒蛇喷气的声音。它们把全身的重量都放在后面四只足上，身体的前部完全竖起来，一动不动地站着，眼睛盯住蝗虫，蝗虫稍稍移动，螳螂随即也转动它的头。蝗虫这种昆虫世界中的跳高跳远冠军，此时竟然想不起逃走，它们只是傻愣愣地伏着，甚至还会莫名其妙地向前移动。当螳螂可以够得着它们的时候，就用两爪出击，两条锯子似的前足重重地压下来，这时蝗虫再怎

螳螂镰刀形的前肢长而有力，上面带有非常锋利的尖刺。

占卜者

螳螂的英文名"mantis"出自希腊语，意为"占卜者"。因为古希腊人相信螳螂具有超自然的力量。螳螂能静立不动或身体文雅地前后摆动，头向上举，两前足外伸，看上去就像是在祈求，所以引申出许多神话传说。

螳螂虾

自然界存在许多奇特的物种，有时它们兼具两种动物的特征，因而拥有"双重身份"。螳螂虾，它兼具螳螂和虾的特征，事实上，螳螂虾既不是螳螂，也不是虾，它是鲜为人知的口足目动物，这种海洋生物与龙虾和虾有亲缘关系，它们的爪子用于刺击猎物。

螳螂虾的爪子击打速度有超常之处，相当于0.22口径子弹的飞行速度，产生的冲击力足以打破水族箱玻璃。此外，螳螂虾长着一对茎状眼睛，被认为是动物王国中最复杂的目镜传感器。

么抵抗也于事无补，只能成为螳螂的口中之物。

一般情况下，螳螂都是以伏击的方式捕捉猎物。素有"伏击专家"的美称。螳螂不会选择特定的物种作为猎物，基本上它吃所有可以抓得到的东西。

18 蜜蜂动用尾刺两败俱伤

说到蜜蜂，很多人都会害怕。因为蜜蜂会蜇人。其实，蜜蜂不到万不得已是不会蜇人的，因为蜜蜂蜇人以后，自己也会一命呜呼。其实，并不是所有的蜜蜂蜇人以后都会死，只有工蜂蜇人后才会死去，工蜂是发育不完全的雌性蜜蜂，刺人的那根"刺"其实是发育未完全的产卵器。

蜜蜂是用腹部末端的刺针蜇人的，刺针是由一根背刺针和两根腹刺针组成，后面接着大、小毒腺和内脏器官，腹刺针尖端有好几个小倒钩，当蜜蜂刺针刺入人体的皮肤以后，再拔出刺针时，由于小倒钩牢固地钩住了皮肤，所以刺针连同一部分内脏也一起脱落下来，这样，蜜蜂

辛勤采蜜在花间的蜜蜂同样有自卫的本能。

知识链接　蜜蜂的眼睛

　　蜜蜂长着5只复眼和3只单眼，视角几乎达到360度，不过它们的视觉敏锐度尽管高于许多昆虫，却只有人类的80%。蜜蜂的连续视觉是每秒300帧图像。

　　此外，蜜蜂所看到的颜色也与人类不同。蜜蜂能见的颜色是：黄—橙黄（人类是黄—绿）、蓝—绿（人类无相应的色觉）、蓝（人类是蓝和紫）和人类不可见的紫外光。

知识链接　蜜蜂家族

　　蜜蜂家族主要由蜂王、雄蜂和工蜂组成，其中蜂王和工蜂是由受精卵发育而来的，雄蜂是由未受精的卵细胞发育而来的。蜜蜂的分工很明确，蜂王的任务是产卵，分泌的蜂王物质激素可以抑制工蜂的卵巢发育，并且影响蜂巢内的工蜂的行为。雄蜂的任务是和处女蜂王交配后繁殖后代，雄蜂不参加酿造和采集生产，个体比工蜂大些。工蜂的任务主要是采集食物、哺育幼虫等。

当然会死亡。

　　蜜蜂还有个怪癖，不喜欢黑色的东西和酒、葱、蒜等特殊气味。在养蜂场，如果养蜂人身穿黑色衣服接近蜂群时，就有挨蜇的危险。如果身上带有酒、葱、蒜等特殊气味，也要记得远离蜜蜂。蜜蜂和其他很多生物一

知识链接 偏振光导航仪

蜂巢由一个个排列整齐的六棱柱形小蜂房组成，每个小蜂房的底部由3个相同的菱形组成，是最节省材料的结构，而且容量大、极其坚固。

人们仿照蜂巢的构造用各种材料制成蜂巢式夹层结构板，强度大、重量轻、不易传导声和热，是建筑及制造航天飞机、宇宙飞船、人造卫星等的理想材料。蜜蜂复眼的每个单眼中相邻地排列着对偏振光方向十分敏感的偏振片，可利用太阳准确定位。科学家根据这个原理研制成功了偏振光导航仪，广泛用于航海事业中。

样有自卫的本能，如果我们去扑打它，也有挨蜇的可能。

所以，蜜蜂不到万不得已时是不会蜇人的。但当蜜蜂蜇到那种身上覆盖着硬质表皮的昆虫时，它可以从形成的破口中拔回刺针，免于一死。

燕子、蜂虎、山雀等食虫鸟类是蜜蜂的天敌。如果冬天十分严寒，绿啄木鸟就会用强有力的喙啄穿蜂巢，啄食闭门过冬的蜜蜂。猛禽中的蜂鹰由于羽毛密实因此不怕叮蜇，它们也捣毁蜂巢啄食蜂卵和幼虫。

第三章

拥有化学武器，一切皆是浮云

会发射"臭弹"的臭鼬

以口水杀敌的科莫多巨蜥

蝎子的倒钩尾巴刺敌毒杀

会用神经毒素的蓝环章鱼

"以毒攻毒"的海蛞蝓

美丽的用毒高手——水母

精确控制毒液喷射的眼镜蛇

炮虫发射强力"化学弹"

蚂蚁分泌蚁酸让敌人措手不及

酷似老鼠的带毒鼩鼱

19 会发射"臭弹"的臭鼬

有一种动物，长着一身醒目的黑白相间的毛皮，一眼看上去非常招人喜爱。在加拿大和美国被当作宠物驯养。如果你知道它的名字叫作臭鼬，马上就会退避三舍。

臭鼬的体型跟家里饲养的猫很相似，眼睛很小，耳朵又短又圆，四肢短小，尾巴长有浓密的皮毛像一把刷子，看起

一旦碰到强敌，臭鼬就会竖起身上黑白颜色的皮毛。

来非常可爱。头部亮黑色，两眼之间长有一道狭长的白纹；两条宽阔的白色背纹从颈背一直延伸到尾部。

臭鼬之所以会发出奇臭的气味是因为它尾巴下面的皮下腺体会分泌一种液体。臭味很像臭鸡蛋的味道，含有一种叫丁硫醇的物质。一只臭鼬每天大约可产1毫升丁硫醇，这种液体正是臭鼬保护自己，防御敌人的武器。当然，它不是任何时候都会使用这种液体，只有在受到恐吓的情况下才会发射。臭鼬散发出的臭液，

知识链接 臭鼬工厂

臭鼬工厂是洛克希德·马丁公司高级开发项目的官方认可绰号。这家"臭鼬工厂"是一家专门研制F-80战斗机的公司，因当时其厂址毗邻一家散发着恶臭气味的塑料厂，员工不得不戴上防毒面具来上班。工程师对劳动环境表示不满，而将自己的小组起名"臭鼬工厂"。臭鼬工厂有着高度自治的管理模式，避免组织内部的想法创意等由于官僚主义而被限制。

溅到眼睛里，严重的会引起失明；喷到鼻孔里，会起麻痹作用，使人昏厥呕吐。如果这种臭液粘到了物体上，臭味久久都不会消失，顺风的时候，臭鼬就高高地翘起尾巴，从尾基部喷射出这种臭液。许多动物远远地瞧见它，马上就躲藏起来，连猎人都不愿意接近它，因为这种化学武器实在是太厉害了。

一旦碰到强敌，臭鼬就会竖起身上黑白颜色的皮毛对敌人以示警告。如果敌人靠得太近，臭鼬就会低下身子，竖起尾巴，用前爪跺地发出警告。如果这样的警告没有任何效果的话，臭鼬便会转过身，向敌人喷射恶臭的液体。紧急情况下可以喷到大约3.7米甚至更远的距离，这种液体会导致被击中者短时间失明，其强烈的臭味在800米的范围内都可以闻到。

臭鼬通常生活在有植被的洞穴里。几个臭鼬共享一个洞穴。秋、冬季以野果、小型哺乳类动物及谷物为食，而春、夏季多以昆虫和谷物等为主，偶尔也会吃小鸟、鸟卵、蛇、蛙等。白天在地洞穴休息，黄昏和夜晚出来活动。

知识链接　养臭鼬当宠物

目前，在英国约有2000只臭鼬被当成家养宠物。黄鼠狼的讨厌之处就在于会放臭屁，不过臭鼬的臭屁功比黄鼠狼还要厉害，而且英国动物福利法禁止摘掉臭鼬的臭腺。

臭鼬是一种非常爱干净的动物，它的体味比狗要强多了，而且从小养的臭鼬跟人很亲，会粘着主人依偎在主人的脖子边睡。除了粘主人，臭鼬还很会搞外交，如果家里早有了小猫小狗儿，聪明的臭鼬绝不会抢风头，而是乖乖地和它们睡在一起。只要从小养，而且加以训练，臭鼬甚至会像猫咪一样去砂盘上大小便。

20 美丽的用毒高手——水母

水母是一种非常漂亮的水生动物。它虽然没有脊椎，但身体却非常庞大，主要靠水的浮力支撑其巨大的身体。水母的含水量一般可达95%以上，剩下的就是蛋白质和脂质。它的身体由三层胚层所组成，由外向内分别是表皮层，中胶层和胃皮层。两层之间的中胶层，不但透明，而且有漂浮作用。它们在游动的时候，利用体内喷水反射前进，就好像一顶圆伞在水中迅速漂游。胃皮层构成一个简单的体腔，只有一个开口，兼具口和排泄的功能。

水母

别看水母外表，看似温顺美丽，实际上十分凶猛。因为水母没有呼吸器官和循环系统，只有原始的消化器官，所以捕获的食物马上就在腔肠内消化吸收。水母身体外形像一把透明的伞，伞状体直径有大有小，在伞状体的下面，那些细长的触手是它的消化器官，也是它的武器。每一根触手上面都布满了刺细胞，刺细胞里有一根刺丝，平时卷曲在刺细胞里，就像搭在弓上的箭或上了膛的子弹，触须一碰到猎物，就像扣动枪的扳机一样，立即发射出刺丝刺入猎物。刺丝虽然很细，但头部很尖、穿透力很强，而且有很多倒刺，一旦刺进去很难再拔出来；刺丝含有毒液，迅速将猎物体内的蛋白质分解。猎物被刺螫以后，会迅速麻痹至死。

知识链接　水母三代同堂

水母虽然是低等的腔肠动物，却是三代同堂，其乐融融。水母生出小水母，小水母虽然离开母亲后能独立生存，但母子之间的感情深厚，不忍心分离，因此小水母都依附在水母妈妈身体上。不久之后，小水母生出孙子辈的水母，三代人依然紧密联系在一起。

水母家族中，箱水母的毒性最强，它们也被称为"杀手水母"。它的伞部只有20多厘米高，60多条触手每条长达5米，能直达人体的任何部位，不到30分钟人就会死亡。下海游泳的人遇到水母总觉它很好玩，往往用手抓、去抱，结果被它蜇伤。

即使触手从水母体上掉下来，甚至断成若干段，刺细胞仍然活着，仍会对人造成伤害。如果不幸被它们刺到的话，在几分钟之内发生呼吸困难的现象时，应立即实施人工呼吸，或注射强心剂，千万不可掉以轻心，以免丢了性命。一般被水母刺到，只会感到灼痛并出现红肿，只要涂抹消炎药或食用醋，过几天即能消肿止痛。

水母的共生伙伴是一种小牧鱼。它可以跟水母亲密接触，随意游弋在水母的触须之间，无所畏惧。遇到大鱼游来，小牧鱼就游到巨伞下的触手中间去，当作一个安全的"避难所"，有的时候，小牧鱼还能将大鱼引诱到水母的狩猎范围内，这样还可以分享到水母吃剩的食物残渣。

知识链接　水母的顺风耳

水母在风暴来临之前，会成群结队地游向大海，预示风暴即将来临。在蓝色的海洋上，由空气和波浪摩擦而产生的次声波（频率为8～13赫兹），是风暴来临之前的预告。这种次声波，人耳是听不到的，而对水母来说却是易如反掌。

科学家经过研究发现，水母的耳朵里长着一个细柄，柄上有个小球，球内有块小小的听石。于是就仿照水母耳朵的结构和功能，设计了水母耳风暴预测仪，相当精确地模拟了水母感受次声波的器官。

为什么水母触手上的刺细胞伤害不到小牧鱼呢？因为小牧鱼体形较小，行动灵活，能够巧妙地避开毒丝，不容易受到伤害。当然，也有不慎死于毒丝下的，但那只是偶然。水母和小牧鱼共同生活，互利共赢。水母"保护"小牧鱼，而小牧鱼又吃掉了水母身上栖息的小生物。两者和谐相处。

水母虽然是低等的腔肠动物，却是三代同堂，其乐融融。

21 以口水杀敌的科莫多巨蜥

科莫多巨蜥体型巨大，是个外貌丑陋，面目可憎的家伙。它皮肤粗糙，身上长满了疙瘩，口腔长满了巨大而锋利的牙齿。虽然这个庞然大物看上去很骇人，但是它的声带很不发达，跟"哑巴"差不多，即便是被激怒的时候，也只能发出"嘶嘶"的声音。

同许多蜥蜴一样，科莫多巨蜥的舌头既是味觉器官又是嗅觉器官。它的舌头吐进吐出，搜寻空气中腐尸的气味。它的唾液中含有大量的细菌，下颚前部长着巨大的毒腺管能够分泌致命毒液，这就是科莫多巨蜥巨大杀伤力的秘密所在。

科莫多巨蜥

此前曾经发现两种蜥蜴能分泌毒液，分别分布在南美洲和墨西哥。它们的毒液能阻止血凝，不过也能攻击肌肉组织，扰乱神

经系统。研究人员经过对数百种动物毒液进行分析之后得出一个结论：蛇类和蜥蜴类的毒液出现的时间大约在 1.7 亿年前，在一次进化时出现的。如果一种动物能够进化出比毒液更有效的捕食方式，那么毒液的功能逐渐减退，它就没有存在的必要了，其分泌毒液的功能势必会消失。但是像科莫多巨蜥这样能够同时进化出尖利的牙齿和致命的毒液的动物，是十分罕见的。

科莫多巨蜥捕食猎物时，异常凶猛，奔跑的速度也很快。它那巨大而有力的长尾和尖爪是对付敌人的利器。科摩多巨蜥在动物经过的路旁伏击猎物。先用尖爪把猎物打倒在地，或咬断猎物的后腿，在猎物无法动弹后，再用锯齿状的利齿和强有力的脚爪撕开猎物的喉部或腹部，把猎物撕成碎块，并迅速吞下大块大块的肉。如果遇到大型猎物也会等猎物临近时，突然扑上去，咬住猎物导致猎物伤口感染，等一两天后猎物感染死亡后再用嗅觉追踪死去的猎物。

知识链接 **科莫多国家公园**

科莫多国家公园是一座位于印度尼西亚群岛中的世界遗产遗址。几百年前，它还只是一个偏僻的地方，岛上最早的居民是那些被流放的囚犯。1912 年一位荷兰科学家发现了一种巨大的蜥蜴，并命名为科莫多龙。从此，科莫多巨蜥被人们所熟识。

科莫多巨蜥四百万年前开始在科莫多岛上游弋，它们渐渐变成了地球上最强大的食肉类蜥蜴。巨蜥吃光所有的肉类，无论何时，无论如何它们都要得到肉吃。如同隐形杀手一般，科莫多的森林被那些看似来自恐龙时代的原始居民所占据。这些强壮的怪物可以长到 3 米长，它们甚至可以存活 50 年以上。

科莫多巨蜥生活在岩石或树根之间的洞中。每天早晨，它们钻出洞来觅食。它的舌头上长着敏感的嗅觉器官，寻找食物的时候，总是不停地摇头晃脑、吐舌头。凭着灵敏的嗅觉器官，能闻到 1000 米之内的腐肉气味。大部分时候，它们以死去的动物腐肉为食，但成体也吃同类幼体和捕杀猪、羊、鹿等动物，偶尔也会攻击和伤害人类。

生活在科莫多岛上的野鹿、野猪、山羊和猴子，只要见到巨蜥就马上逃跑。成年的巨蜥轻轻一扫尾巴，就能将三岁以下的小马扫倒，但它最大咬合力比较小。科莫多巨蜥一次吃掉它们体重 80% 的食物，然后就蛰伏数周不吃食物。捕食到的猎物吃不完时，它还将余下部分埋在沙土或草地里，等下次再吃。巨蜥吃饱后，喜欢趴伏在丛林间、沙滩上或礁岩上睡觉，晒太阳。它还善于游泳，具有潜入水中捕鱼或在水下待几十分钟的特殊本能，甚至还能游过海洋。

22 精确控制毒液喷射的眼镜蛇

眼镜蛇是一种毒蛇，椭圆形的头部，颈部背面有白色眼镜架状斑纹，黑褐色的体背上长有十多个黄白色的横斑，身体最长可达到 2 米。眼镜

眼镜蛇

蛇被激怒的时候，会将身体前段竖起，颈部两侧膨胀，此时背部的眼镜圈纹更加明显，同时发出"呼呼"的声音，借此吓退敌人。

眼镜蛇名字的由来是因为它的颈部向外扩张的时候，背部会呈现一对黑白花斑，看上去就像是眼镜状花纹，因此得名：眼镜蛇。眼镜蛇的毒液通常含神经毒，能破坏被掠食者的神经系统。其实它们并不是真的能把毒液喷出。每当它们要运用毒液时，会在毒囊位置收紧附近肌肉，这种挤压的力量把毒液从毒囊中迫出，并流向毒蛇专有的空心前齿里的尖端位置。当毒液离开牙齿的一瞬间，一股气流会从蛇的肺部释出，令毒液变化成气溶胶状态并向前方激喷而出。当眼镜蛇被迫进困境的时候，它们甚至能把毒液喷出至两米多远。

专以吃蛇为生的眼镜王蛇令众多蛇类闻风丧胆，它的地盘休想有他蛇生存。一旦它受到惊吓，便凶性大发，身体前部高高立起，吞吐着又细又长、前端分叉的舌头，头颈随着猎物灵活转动，猎物没那么容易逃脱。最可怕的是，即使不招惹它，它也会主动发起攻击。被它咬中后，大量的毒液使人在1小

知识链接　眼镜蛇会跳舞？

有人相信蛇会随音乐起舞。其实蛇的听觉很不灵敏，只能听到频率很低的声音，所以它不可能对玩蛇者吹奏出来的音乐有任何反应，更不用说随其节奏跳舞了。

眼镜蛇确能感觉玩蛇者的脚在地上轻拍、木棒在蛇筐上敲打的震动，一旦蛇感到有动静，它会从蛇筐里摇摇摆摆地探出头来，寻找出击的目标。而蛇之所以要左右摇摆是为了保持其上身能"站立"在空中，这是它们的本能，跟吹奏音乐无关。因为一旦停止这种摆动，它就不得不瘫倒在地。

时之内就死亡。

金刚王眼镜蛇是世界上最毒的毒蛇之一。它靠吃各种毒蛇来补充自己的毒液，剧毒无比，它最让人感到恐怖的是，一旦锁定目标后就会直立起1.5～2.5米高，而且能在这个范围内喷出毒液，绝大部分毒蛇要咬到物体才会分泌毒液，但金刚王不用咬到物体就会喷射毒液。如果伤口沾到毒液或被它的毒牙咬到，皮肤就会出现腐烂。人被它咬伤后立刻出现麻木症状，3分钟之内不马上治疗就会死亡。

眼镜蛇的天敌是灰獴和一些猛禽。灰獴以速度取胜，往往会直接嚼食眼镜蛇的头部，但是在搏斗过程中眼镜蛇也会咬到獴，灰獴因此昏厥几个小时后能自行排毒，平安无事。眼镜蛇主要以小型脊椎动物和其他蛇类为食。眼镜蛇依靠神经性毒液杀死猎物。神经性毒液可阻断神经肌肉传导，因而出现肌肉麻痹而致命。

蝎子的倒钩尾巴刺敌毒杀

在一些科幻电影上经常出现这样的画面，小小的蝎子突然变异成恐怖的庞然大物，出现在人类面前。然而英国科学家发现了一块生活在4.6亿至2.5亿年前的古巨蝎的钳子化石。按照比例计算，这种巨蝎长达2.5米，很可能是历史上体形最大的昆虫。这种巨蝎可能是现代蝎子的祖先。

蝎子在4亿年的进化过程中几乎没有任何改变，也被称作"活化石"。在生活中，我们形容一个心肠歹毒的人会用到"心如毒蝎"这个恰当的比喻。蝎子给我们留下最深刻的印象就是两个大钳子加上一个会弯曲分段带毒刺的尾巴。蝎子的头胸部由六节组成，背面覆盖着一层头胸甲，上面布满颗粒状突起，毒腺外面的肌肉收缩，毒液就从毒针的开孔流出。大多数蝎子的毒素足以杀死昆虫，但对人没有致命的危险，只会引起灼烧样的剧烈疼痛。

蝎子用尾巴上的毒针蜇刺对手。

蝎子喜欢吃无脊椎动物，如蜘蛛、蟋蟀、小蜈蚣等多种昆虫的幼虫和若虫。它靠触肢上的听毛或跗节毛和缝感觉器发现猎物的位置。蝎子在捕食的时候，先用触肢将猎物紧紧夹住，然后举起蝎尾巴，弯向身体前方，用毒针蜇刺。猎物死后，蝎子再用螯肢把食物慢慢撕开，先吸食捕获物的体液，再吐出消化液，将捕获物其他组织消化后再吸入。

"以色列杀人蝎"生活在南非和中东，尤其喜欢干燥的气候条件，因此

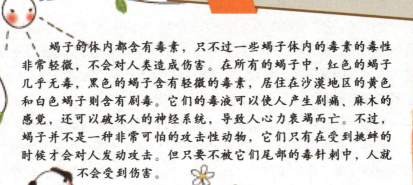

知识链接　所有的蝎子都有毒吗？

蝎子的体内都含有毒素，只不过一些蝎子体内的毒素的毒性非常轻微，不会对人类造成伤害。在所有的蝎子中，红色的蝎子几乎无毒，黑色的蝎子含有轻微的毒素，居住在沙漠地区的黄色和白色蝎子则含有剧毒。它们的毒液可以使人产生剧痛、麻木的感觉，还可以破坏人的神经系统，导致人心力衰竭而亡。不过，蝎子并不是一种非常可怕的攻击性动物，它们只有在受到挑衅的时候才会对人发动攻击。但只要不被它们尾部的毒针刺中，人就不会受到伤害。

总是在天然形成的洞穴或石头下面藏身。虽然在蝎子家族中只能算是"中等个头",但却是最致命的蝎子之一。威力超群的毒液会使人疼痛难忍,同时出现发烧、抽搐、瘫痪等症状,常常令人陷入昏迷甚至是死亡。

炮虫发射强力"化学弹"

1808年,拿破仑率兵远征西班牙。不久,许多士兵的身上出现了莫名其妙的红斑。这究竟是怎么回事呢?几经周折才查明,是一种甲虫的毒液引起的皮肤炎症。这种有毒甲虫被称为"炮虫"。

炮虫能发射"化学炮弹"来抵御敌人,保护自己。俗称"放屁虫",也叫气步甲,体色比较暗,大部分为黑色、褐色带着金属光泽,有一小部

非洲气步甲

分有黄色花斑。它们的身体表面光洁或被疏毛,有不同形状的微细刻纹。

气步甲身上披着硬盔甲,时刻准备上战场。虽然它的3对步行足没有那些善于跳跃的昆虫那么强大,可是交替配合运动爬行速度还是很快的。它们喜欢东奔西跑寻找可以充饥的猎物。气步甲喜欢吃"荤",根本就不把各种植物放在眼里,而对黏虫、地老虎和蚯蚓等动物却情有独钟。当它发现猎物后,首先在一旁不动声色地观察一会儿,然后小心谨慎地走上前用触角进行试探,随后便张开大牙猛咬。如果碰到猎物拼死挣扎反抗,气步甲一时难以制伏,它就要亮出自己的杀手锏"毒气弹"了。只见它掉转身体,将尾部对准猎物,"砰"的一声从肛门里喷出一股烟雾状的气体来。

这种气体不但有浓烈的硫酸味，还有很强的腐蚀性。猎物受到"毒气弹"的攻击，周身布满了乳白色的结晶，感到疼痛难忍，不停地在地上打滚。而气步甲则乘胜追击，接二连三地对准猎物连续施放这种"毒气弹"，直到将猎物打得昏死过去才肯罢手。然后，气步甲就开始慢慢享受这顿美餐了。

一旦气步甲遇到同性或是其他种类的步甲来争夺猎物的话，就会爆发一场毒气大战。占有猎物的气步甲立即摆动起触角，威吓对方，它们就用大颚互相撕咬和攻击，并利用各自的武器"毒气弹"来攻击对方，双方丝毫不会退缩，一直搏杀到身上都沾满一层白色的晶体为止。最后，胜利者赢得猎物，失败者则狼狈离去。

即使遇见天敌，气步甲也能依靠"毒气弹"来脱身。当一只青蛙遇上了气步甲，青蛙毫无顾忌地扑上去，张开大嘴要吞食这一美味。可这已经到嘴的猎物突然放起"炮"来，一股毒雾从炮虫的尾部喷射而出，直冲青蛙的咽喉。青蛙被轰得晕头转向、败下阵来，气步甲自然是安然无恙了。

气步甲的体内有两对空腔，用来贮存对苯二酚和过氧化氢这两种化学物质。由于气步甲身体里能够分泌出一种抑制剂，可以防止过氧化氢氧化和苯二酚这两种化学物质混合后不发生任何反应。

气步甲是如何发射炮弹的呢？当遇到危险时，气步甲就会从两个贮存腔中将化学液体喷到两个氧化腔内，在过氧化氢酶的作用下，可以使过氧化氢迅速转变成水和氧，然后迅速将对苯二酚氧化成一种有毒和有刺激性的物质。在这个过程中产生的热量能将液体和气体加热，产生强大的压力。当压力足够高时，气步甲便打开氧化腔末端的阀门，热气就带着巨大的力量喷射出来，在1米之外也可以清楚地听到"砰"的响声。气

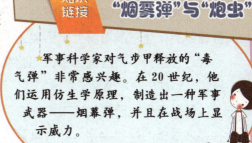

知识链接

"烟雾弹"与"炮虫"

军事科学家对气步甲释放的"毒气弹"非常感兴趣。在20世纪，他们运用仿生学原理，制造出一种军事武器——烟幕弹，并且在战场上显示威力。

步甲可以连续、重复喷射"毒气弹"，以此来防御敌人。

25 会用神经毒素的蓝环章鱼

性害羞的蓝环章鱼喜欢藏在石头下面，晚上才出来活动和觅食，主要靠捕食小虾、小蟹和受伤的鱼类为生。它的体型较小，跟成年人巴掌差不多大小。黄褐色的身上布满了大大小小的蓝环。如果受到威胁，它们身上的蓝环就会发出耀眼的蓝光，蓝环章鱼因此得名。蓝环章

蓝环章鱼是一种很小的章鱼品种。

鱼利用这些独一无二的蓝环对其他生物发出警告。

　　蓝环章鱼尖锐的嘴能够穿透潜水员的潜水衣，体内的毒液可以在数分钟内置人于死地。

　　这种小章鱼所喷出的剧毒墨汁足以在数分钟内一次杀死 10 个成年人，而目前还没有找到有效的抗毒素来预防它。

　　澳大利亚的一位潜水员抓到一只蓝环章鱼，觉得很可爱很好玩，于是放在手上，让它从胳膊上爬到肩上，最后爬到颈部背面，在那里停留了几分钟后，这只小章鱼毫无缘由地朝潜水员的颈部咬了一口，并咬出了血，没过几分钟，潜水员感觉像是病了，两小时后不幸身亡。

　　蓝环章鱼是已知生物中唯一除河豚外能产生河豚毒素的生物。这是一种毒性很强的神经毒素，它对具有神经系统的生物是非常致命的，其中包括我们人类。章鱼的毒液能阻止血凝，使伤口大量出血，产生刺痛感，最后全身发烧，呼吸困难，重者致死，轻者也需要治疗三四周才能恢复健康。

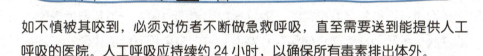

知识链接　**章鱼保罗**

　　章鱼保罗是德国奥博豪森水族馆一只章鱼，早在 2008 年欧洲杯期间，章鱼哥就开始预测，当时它的预测准确率达到了 80%，仅仅是猜错了西班牙和德国的决赛。

　　出道两年的章鱼保罗在 2008 欧洲杯和 2010 世界杯两届大赛中，预测 14 次猜对 13 次、成功率飙升至 92%，堪称不折不扣的"章鱼帝"。

　　2010 年 8 月 23 日章鱼保罗再续世界杯之缘，成为英格兰2018 年世界杯的申办大使。2010 年章鱼保罗在德国的奥博豪森水族馆去世，享年两岁半。

如不慎被其咬到，必须对伤者不断做急救呼吸，直至需要送到能提供人工呼吸的医院。人工呼吸应持续约 24 小时，以确保所有毒素排出体外。

　　蓝环章鱼的皮肤含有颜色细胞，可以任意改变颜色，通过收缩或伸展，改变不同颜色细胞的大小，蓝环章鱼的整个模样就会改变。因此当蓝环章鱼在不同的环境中移动时，它可以使用与环境色相同的保护色。

　　蓝环章鱼不是好斗的动物，但被激怒后也会发起自卫反击。当蓝环章鱼被人类从水中拎起来或者被踩到的时候，这种章鱼身上会出现蓝色的圆环或条纹，在美丽的外表下可能存在丧命的危险。

26　蚂蚁分泌蚁酸让敌人措手不及

只蚂蚁发现了食物，它就会在回家的路上沿途留下气味，其他的蚂蚁就会沿着这条路线去寻找食物，并不断地加强气味。如果这里的食物被采集完了，没有蚂蚁再来，气味就会逐渐消散。如果一只蚂蚁不幸遇害，

就会散发出强烈的气味，立即引起其他蚂蚁的警惕，马上处于备战状态。有的蚂蚁还会散发一种迷惑敌人的气味。蚂蚁利用分泌物的气味来进行交流，由于它们平时都生活在一个蚁巢中，所以这种交流方式比其他膜翅目的昆虫发育得要好。

搬运食物的蚂蚁

如果仔细观察，你会发现蚂蚁爬行的时候腹部末端断断续续地接触地面，因为蚂蚁的腹部能分泌出一种物质，这种物质就是蚁酸。通常蚂蚁出洞的时候，一般都是很有秩序地排成一纵队前进，前边的蚂蚁分泌出一种带有象征气味的蚁酸，边走边散发在路上，留下痕迹，后边走的蚂蚁闻到这种气味，就能紧紧地跟上，即使有个别蚂蚁暂时掉队，也能沿着原路前进而不会迷路。这种气味成了它们前进的路标。回来的时候，仍然会追踪这个路标返回蚁穴。

知识链接 蚂蚁大力士

蚂蚁看着很渺小，但它却是名副其实的"大力士"，它的力气之大与自身的体重完全不成正比。它的负重能力相当惊人，能拖动比它体重还重1400倍，背负52倍的物品。

科学家曾做过试验，发现一只蚂蚁竟可以搬起是它体重50多倍的小石子。按这个比例来算，相当于一个重75千克的人要举起近4吨重的东西，这简直是无法想象的。

除此之外，蚂蚁用两个大牙叮咬的方式进行攻击或自卫，咬时会分泌出蚁酸，刺激被叮咬的伤口红肿疼痛。北非尼罗河流域，生活着一种长近1厘米的黑蚂蚁，被当地人称为"食人蚁"。别看它们小小的，貌不惊人，却有着

一副大胃口，无论人类或是兽类，都在它们的猎取范围之内。

食人蚁之所以能在非洲大地上横行无忌，靠的就是"蚁多势众"。当一个黑蚁群发现了一头野牛的尸体，就会从四面八方涌上来。几十分钟后当蚁群散去，剩下的只有一具惨白的骨骸。老虎、狮子等大型食肉动物，甚至包括人，一旦遭遇到这种蚁群，如果反应不及同样会遭遇厄运。

27 "以毒攻毒"的海蛞蝓

海蛞蝓，也叫海兔。海蛞蝓是一种海洋软体动物，经历幼虫阶段后就会褪去身上的外壳，并呈现出色彩斑斓的皮肤。海蛞蝓生活在世界各个海域，它们颜色变幻莫测，从不易察觉的浅色到刺激人眼球的霓虹色，有时给人感觉像打扮怪异的小丑。海蛞蝓的体形也各不相同，变化万千。唯一的共同点就是头部都长有两对触角，后触角比较长，当它不动时，就像一只蹲在地上竖着一对大耳朵的小白兔，因而也被人称为海兔。

海蛞蝓的呼吸方式十分独特，裸露在背上的呼吸管道，看上去像一根小树枝。然而并非所有的海蛞蝓都有这种不同寻常的呼吸器官。它的舌上布满了密密麻麻的细齿，可以有效地削刮食物。海兔有3个胃，其中的2个也有细齿，能够进一步磨碎食物。

一些海蛞蝓还可释放出毒素，使

海蛞蝓

知识链接　海蛞蝓的御敌本领

　　海蛞蝓的体内有两种腺体：一种叫紫色腺，生在外套膜边缘的下面，遇到敌人时，能释放出很多紫红色液体，将周围的海水染成紫色，以此逃避敌人的视线。另一种毒腺在外套膜前部，能分泌一种略带酸性的乳状液体，气味难闻，对方如果接触到这种液体会中毒，甚至死去，所以敌害闻到这种气味，就远远避开。

　　掠食者丧失行动能力，从而让自己逃脱。还有一些海蛞蝓在被激怒时，皮肤就会释放出酸性物质。海蛞蝓不仅能够百毒不侵，而且能够把袭击者的毒素据为己有，用这种"以毒攻毒"的超凡手段保护自己。

　　众所周知，外表美丽的海葵，其实是不折不扣的"大毒物"。但是海蛞蝓却有对付它的办法。海蛞蝓拖着缓慢的步伐一步一步接近海葵，直到挪到海葵的根部。可是海葵依然自得其乐地绽放触手，完全没有察觉到危险即将降临。蛰伏已久的海蛞蝓调整好位置后，一跃而起，在海水中划出一道长长的抛物线，并准确地从海葵的层层触手中穿了过去，直接插入到海葵身体的上部端口，海葵措手不及，慌乱中的它拼命地收缩着触手。可是，海蛞蝓的攻击速度太快了，当它完全钻进海葵的身体后，便疯狂地噬咬海葵的内脏。海葵痛苦地扭动着，它的剧毒触手不断地挥舞，却无法阻挡来自身体里面的进攻。

　　最后，海葵彻底瘫软下来，海蛞蝓这才从海葵的肚子里钻出来。其实，最让海蛞蝓感兴趣的是海葵的触手。休息片刻后，海蛞蝓费了很大的气力，才将海葵那几十根长长的触手全部吞咽下去。难道海蛞蝓就不怕这些毒刺吗？只见海蛞蝓头尾相接地蜷起来，通过身体的挤压和变形，将所有的毛刺经由

胃部上方的空腔，从身体里穿了出去。利用身体的内气压，海蛞蝓可以牢牢地将这些长刺吸附在自己的背上。当然，它也可以利用体内压力的改变，以及身体的再度挤压与变形，将这些长刺全部脱落下去。

原来，海蛞蝓吃下海葵毒刺的目的，是为了让这些毒刺从身体内部穿出去来保护自己，这种"借毒御敌"的方式在海洋生物中实属罕见。

酷似老鼠的带毒鼩鼱

很多人第一眼看到鼩鼱会把它误认为是老鼠，但是仔细观察你就会发现眼睛、耳朵和鼻子还是有差别的。鼩鼱长着很小小的眼睛和耳朵，通常藏在皮毛里。它们的视力很差，皮短而厚，非常柔软。

根据动物学上的规律"体型越小的动物新陈代谢越快"。鼩鼱也不例外，它是名副其实的"吃货"，各种昆虫、蚯蚓甚至肉类来者不拒。鼩鼱不是在吃就是在觅食的路上，它们每天吃进去的食物总重量相当于自身体重的 3 倍。冬天的时候并不冬眠，而是在雪被底下继续觅食以维持生命。因为鼩鼱没有尖牙利爪，所以只能靠臭腺分泌恶臭的气味来趋避敌害。

鼩鼱"尖嘴钳"式的嘴巴上长满的胡须，就是它爬行和捕食的"探测器"；它的腭下长有唾液腺，能分泌出一种毒液。如果人不小心被咬上一口，手臂就会发热肿大，引起剧痛，要过几天后才能消失。鼩鼱也用这种

鼩鼱

武器来捕猎食物。当发现猎物后，它就会先用嘴咬伤对方，再从腭内迅速喷出毒液，将其麻醉，等到猎物失去知觉，然后再好好的美餐一顿。

别看它个头小，但对猎物却从不会手软。为了生存，在食物匮乏时，它连老鼠的幼仔也不放过，有时还敢袭击比自己大许多倍的老鼠。科学家曾经做过实验，将鼩鼱唾液腺分泌出的液体，注射进老鼠体内，老鼠很快就产生了一系列的变化，血压降低，心脏跳动变慢，呼吸也变得困难。不到一分钟，毒性发作，老鼠便进入瘫痪状态。

如果鼩鼱遇到敌害，一时逃不掉，它们会立即将隆起背，磨牙擦嘴地发出尖锐的吱吱声。有时，索性就仰卧在地，晃动四肢边踢边舞，并发出断续的叫声，以此来吓退敌人或者请求救援。

知识链接　鼩鼱潜水前热身

北美水鼩鼱是哺乳动物中最小的"潜水员"（体重仅约17克）和优秀的"游泳运动员"，尽管从外表看上去，它与它的那些"旱鸭子"亲戚没什么两样，但它却是名副其实的水下"暗杀高手"。

北美水鼩鼱在进入冷水潜水前会像人类一样进行热身，而且体温会升高1.5℃。北美水鼩鼱通过热身，使体温瞬间增高，并且缩短在冷水中的猎食时间，从而获得丰美的食物。

第四章

各种奇葩的制敌秘籍

29 蝙蝠自带"雷达"制定进攻路线

在日常生活中，我们一般不会轻易相信道听途说的信息，我们更愿意相信自己亲眼看到的。因为耳听为虚，眼见为实。但是，动物界却有着与人类不同的情况。比如蝙蝠，它们就是靠听到的来给自己定位。蝙蝠通过自己发出的超声波来感知周围的世界，这也是人类发明雷达的原理。

蝙蝠长着翅膀，可是它既不是鸟类也不是昆虫，而是唯一真正能够飞行的哺乳动物。它们虽然没有鸟类那样的羽毛和翅膀，飞行本领也远远不如鸟类，但是前肢十分发达，从指骨末端至肱骨、体侧、后肢及尾巴之间的柔软而坚韧的皮膜，形成蝙蝠独特的飞行器官——翼手。

蝙蝠头部的口鼻部上长着被称作"鼻状叶"的结构，在周围还有非常复杂的特殊皮肤皱褶，这是一种奇特的超声波装置，具有发射超声波的功能，能连续不断地发出高频率超声波。如果碰到障碍物或飞舞的昆虫时，这些超声波就能反射回来，然后由它们超凡的大耳郭所接收，使反馈的讯息在它们微细的大脑中进行分析。靠着准确的回声定位和无比柔软的皮膜，蝙蝠在空中盘旋自如，甚至还能运用灵巧的曲线飞行，不断变化发出超声波的方向，以阻止昆虫干扰它的信息系统，乘机逃脱的企图。

有"活雷达"之称的蝙蝠在不同程度上都有回声定位系统。借助这一特殊技能，它们能在完全黑暗的环境中飞行和捕捉食物，在大量干

蝙蝠

扰下运用回声定位，发出超声波信号而不影响正常的呼吸。这种超声波探测灵敏度和分辨力极高，使它们根据回声不仅能判别方向，为自身飞行路线定位，还能辨别不同的昆虫或障碍物，进行有效的回避或追捕。

蝙蝠捕捉昆虫的准确率和效率都是非常高的。它是如何做到的呢？经过研究发现，蝙蝠是通过回声定位来捕捉昆虫的。蝙蝠捕食的效率之高，令人无法想象。它能在短短的几秒钟之内就能捉到一只昆虫，要想捉个十几只，一分钟之内就能做到。同时，蝙蝠的抗干扰能力也是超强的，它能够在嘈杂的声音中检测出某一特殊的声音，然后再对这些声音进行分析和辨别，通过分析、辨别，更精确地判定是昆虫还是石块，是可以吃的昆虫还是对自己有威胁的动物。就算是一个岩洞里有上万只蝙蝠，它们也不会相互干扰。

蝙蝠捕食方法多种多样，某些蝙蝠直接用口捕食，有些用翅膀拦截猎物到嘴里，有的用尾膜像勺子一样将虫子舀到嘴里。蝙蝠的食虫量很大，每个晚上能吃掉约 1/3 自重的昆虫。

知识链接　倒挂金钩

为什么蝙蝠睡觉时都将身体倒挂着呢？由于蝙蝠是唯一真正能飞行的哺乳类，具有又宽又大的翼膜。它的后肢又短又小而且被翼膜连住，当它落在地面上时只能伏在地面，身子和翼膜都贴着地面，不能站立或行走也不能展开翼膜飞起来，只能慢慢爬行。如果爬到高处倒挂起来，遇到危急情况就可以随时伸展翼膜起飞。当然有些种类的蝙蝠也可以直接在地面起飞。

30 "千里眼" "顺风耳" 集一身的猫头鹰

电影《哈利波特》中，猫头鹰和蟾蜍等是巫师们的宠物。在这些宠物中，猫头鹰是最高贵也是最受欢迎的一种。因为它们不仅可以帮助主人收发邮件，是个名副其实的"邮递员"，而且它们能够通晓人类的感情和语言，是具有智慧的。夜晚，猫头鹰蹲在枝头，睁着炯炯有神的圆眼睛，一旦发现猎物，它就迅速而且悄无声息地发起进攻，不会有一点儿偏差。

猫头鹰靠它那双犹如微型望远镜般的眼睛，能够在夜间看清猎物。它的眼球呈管状，视网膜上有无数柱状细胞，这些柱状细胞对外界的光信号感觉灵敏，哪怕是非常微弱的光亮也能被轻易地捕捉到。

猫头鹰极其灵敏的听觉也能帮助它准确找到猎物的位置。它的左耳和右耳是不对称的，左耳道比右耳道宽阔很多，里面有着非常发达的骨膜。它的耳蜗很长，里面有着更多的听觉神经元，听觉神经中枢也非常发达。大多数猫头鹰还生长着一簇像人类耳郭一样的耳羽，样子就像一个喇叭，增强了接收声音的能力。而且，猫头鹰的脸上生长着无数硬羽毛，这些硬羽毛组成一个面盘，能够很好地收集声波。它的大脑袋也使得两耳之间有着较大的距离，当听到动静时，它会转头，使声波传到两个耳朵的时间产生差异，这样一来，就能够更加准确地辨别出声源的位置了。猫头鹰在捕捉猎物时，它的听觉仍起定位作用。它能根据猎物移动时产生的响动，不断调整进攻的方向，最后出爪，一举奏效。

当猫头鹰锁定了猎物，迅速出击时，它身上的羽毛就起到了隐蔽作用，那些羽毛就像天鹅绒一样柔软，所以猫头鹰在飞

猫头鹰

知识链接 猫头鹰能够360度转动脑袋

猫头鹰虽然有着大大的眼睛，但是它的眼球是无法转动的，所以，在观察四周时，它就需要转动脑袋。

猫头鹰的脖子非常灵活，脑袋能够旋转270度，再加上眼睛本身的视野范围，猫头鹰几乎可以达到360度的视角。这样，猫头鹰在观察周围时，就不需要移动身体了，也就可以让自己保持安静，以免惊扰到猎物。

行时所产生的声波频率非常低，一般的哺乳动物无法感觉到这么低的频率。在攻击时，这种悄无声息的特点，配合它强大的听力，使得它能够在伸手不见五指的黑夜里准确地捕捉到移动着的猎物。猫头鹰在捕食中视觉和听觉的作用是相辅相成的，正是在各方面适应了夜行生活，它才成为一个高效的夜间捕猎能手。

31 电鳗擅长"闪电战"

电鳗是鱼类中放电能力最强的淡水鱼类，输出的电压达300～800伏，因此有水中"高压线"的称号。生活在南美洲亚马孙河和圭亚那河的电鳗，体长2米左右，重达20千克。体表光滑无鳞，背部黑色，腹部橙黄色，没有背鳍和腹鳍。臀鳍特别长，是主要的游泳器官。

电鳗的发电器分布在身体两侧的肌肉内，肌肉组织几乎都能放电，占

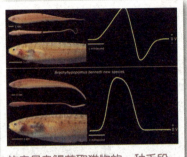

放电是电鳗获取猎物的一种手段。

其身长的 80% 以上，有数以千计的放电体。电鳗的头部是正极，尾部是负极，电流是从尾部流向头部。每个放电体约可制造 0.15 伏特的电压，而当数千个放电体一起全力放电时的电压便高达 600 ～ 800 伏特，但这种高电压只能维持非常短暂的时间，而且放电能力会随着疲劳或衰老的程度而减退。电鳗能自由控制要放出什么程度的电力，一般认为电鳗放出低电力的目的是在警告、试探或侦测。

当电鳗的头和尾接触到敌人或者是受到刺激和影响时即可发生强大的电流。电鳗的放电主要是出于生存的需要。因为电鳗要捕获其他鱼类和水生生物，放电就是获取猎物的一种手段。它所释放的电量，能够轻而易举地把比它小的动物击死，有时还会击毙比它大的动物，如正在河里涉水的马和游泳的牛也会被电鳗击昏。

电鳗捕食的时候，先是悄悄地游近鱼群，然后连续放出电流，受到电击的鱼马上晕厥过去，于是，电鳗就乘机吞食它们。电鳗放电，有时也不一定是为了捕食，也可能是一种生理需要。狡猾的电鳗通常是神不知鬼不觉地游近毫无戒备的鱼群和蛙类群体，然后突然放电杀伤猎物。可恶的

知识链接　为什么电鳗不会电到自己？

电鳗之所以能不被自己或同类电到，那是因为电鳗体内的脂肪组织有很好的绝缘作用，而且电鳗本身已很适应微弱的带电环境。

电鳗内部有许多所谓的生物电池串联及并联在一起，虽然电鳗的头尾电位差可以高达 750 伏，电流会由电阻最小的通路经过，所以在水中放电时，电流会经由水（电阻比电鳗身体小）传递，电鳗并不会电到自己。但如果电鳗被抓到空气中，因空气的电阻比它身体的电阻更大，放电的话就会电到自己了。

电鳗与干电池

　　电鳗的放电特性启发人们发明和创造了能贮存电的电池。人们日常生活中所用的干电池，在正负极间的糊状填充物，就是受电鳗发电器里的胶状物启发而改进的。

是，它所电杀的猎物远远超出了它所能容纳的食量，因而不少人认为电鳗是造成某些地方鱼类产量锐减的罪魁祸首。

　　电鳗有海中"活电站"之称。它可以放出 50 安培的电流，电压达 60 ～ 80 伏，世界上各种电鳗的发电能力各不相同。非洲电鳗一次发电的电压在 200 伏左右，中等大小的电鳗一次发电的电压在 70 ～ 80 伏，南美电鳗一次只能发出 37 伏电压。电鳗每秒钟能放电 50 次，但连续放电后，电流逐渐减弱，10 ～ 15 秒钟后完全消失，休息一会儿后又能重新恢复放电能力。

　　南美洲土著居民利用电鳗连续不断地放电后，需要经过一段时间休息和补充丰富的食物，才能恢复原有的放电强度的特点，先将一群牛马赶下河去，使电鳗被激怒而不断放电，待电鳗放完电精疲力竭时，就可以直接捕捉了。

32　让敌人战栗的电鳐

　　人们在亚热带海滨度假，徘徊在犬牙交错的礁石间寻找各种各样小动物的时候，有时会突然感到全身麻木难受，就像被电击一样。这种电是由附近水里的电鳐放出来的。

　　栖居在海底的电鳐的长相怪异，扁平的身子，头和胸部连在一起，

电鳐

浑身光滑无鳞，后面拖着一条肉滚滚的粗棒般的尾巴，看上去就像一柄大蒲扇。背前方长着一对小眼睛，腹面前端生着一张小嘴，两侧各有五个鳃孔。

电鳐的发电器位于体盘内，头部两侧，是由许多被称为"电腺"的变态的肌肉组织构成。每个"电腺"组织内，包含着成百上千个六角蜂窝状的细胞，细胞内充满胶状透明物质，就像电池中的电解液一样。电鳐产生的电流就是由这些细胞放出来的。这些细胞像电池里的正负电极一样，互相串联起来，整个"电池"借着神经与脑部联系起来。

电鳐有海中"活电池"的称号，它身上共有2000个电板柱，有200万块"电板"，每一块电板，只是肌纤维的变态。发电器官是从某些鳃肌演变而来的。在演变发生过程中腮肌解除了原来的作用，而承担了发电的功能。发电器最主要的枢纽，是器官的神经部分，电鳐能随意放电，放电的时间和强度，也完全能够由自己掌握。电鳐还能够按照自己的

知识链接 **电鳐治病**

在古希腊和罗马时代，医生们常常把病人放到电鳐身上，或者让病人去碰一下正在池中放电的电鳐，利用电鳐放电来治疗风湿症和癫狂症等病。直到今天，在法国和意大利沿海，还可能看到一些患有风湿病的老年人，正在退潮后的海滩上寻找电鳐，当作自己的"医生"。

知识链接 电鳗和电鳐，谁的威力大？

电鳗生活在淡水中，所以放电的电压要比电鳐高得多，因为淡水的导电性差，而电鳐生活在海中，海水的导电性比淡水好，所以不用太高的电压。但是海水转接了大量电流，电鳐要电晕小鱼，要更强的电流。所以，在淡水中是电鳗厉害，海水中是电鳐厉害。

知识链接 电鱼与伏特电池

自然界中有许多生物都能产生电，仅仅是鱼类就有500余种。人们将这些能放电的鱼，统称为"电鱼"。

各种电鱼放电的本领各不相同。放电能力最强的是电鳐、电鲶和电鳗。电鱼这种非凡的本领，引起了人们极大的兴趣。19世纪初，意大利物理学家伏特，以电鱼发电器官为模型，设计出世界上最早的伏特电池。因为这种电池是根据电鱼的天然发电器设计的，所以把它叫作"人造电器官"。

需要，每秒钟能放电50次，一次可以放出50安培的电流，如果连续放电后，电流就会逐渐减弱，10～15秒钟后完全消失，但是休息一会儿后又能重新恢复放电能力。

生活在南美和中美等地河流中的电鳗，外形像蛇，体长2米左右，体重约20公斤。常常一动不动地躺在水底，时不时地浮出水面呼吸换气。它通过"电感"来感受周围环境的变化，一旦发现猎物，就放电将其击毙或击昏，然后饱餐一顿。由于电鳗有捕杀猎物的这一绝技，因此被人称为"江河中的魔王"。

电鳐靠发出的电流击毙水中的小鱼、虾及其他的小动物。而且能随意放电，能控制放电时间和强度。当然电鳐的种类不同，发电能力也各不相同。非洲电鳐一次发电的电压在 200 伏左右，中等大小的电鳐一次发电的电压在 70～80 伏，像较小的南美电鳐一次只能发出 37 伏电压。

依靠"第六感"探敌的鲨鱼

"海上霸主"大白鲨凭什么能威震四海呢？这就要完全取决于它们与生俱来的"看家本领"。大白鲨的大脑非常发达。它们具有其他鲨鱼不具备的大脑感应电磁场，能把外界各种信息储存到大脑里，并利用大脑把所有信息再传递到运动神经系统。其次，大白鲨的牙齿相当锋利，边缘呈锯齿状，令人不寒而栗，嘴巴内有 100 颗实用齿和许多备用齿随时待命，替补任何断裂或已钝化的牙齿。再次，大白鲨的游行速度非常快，能达到每小时 70 公里，便于它们及时发现和捕捉目标。另外，大白鲨具有极其灵敏的嗅觉。它们对血腥味尤其敏感，此外，对声电光和浑浊水的刺激也有强烈反应。

鲨鱼捕食的时候都是"跟着感觉走"，因为它们的感觉系统比人类的仪器都要灵敏。鲨鱼的听觉装置由一连串小管与全身毛孔相连，海中的一

近距离观察鲨鱼

🔍 知识链接

鲨鱼为什么不能停止游泳？

大部分哺乳动物在下潜时，心脏跳动速度会减小，肺部体积缩小，血液浓缩，提高供氧量，并不像大部分鱼一样用鱼鳔的空气体积大小来控制下潜深度。鲨鱼是没有鱼鳔的，并不像大部分鱼一样可以闭合使水经鳃流过，它必须不停地游动，来维持自身在水中的位置而不至于沉入水底，令水流过鳃来呼吸，否则就会窒息而死。

切振动声波传到毛孔时，那些小管中的液体就压迫神经，将振动传到大脑，鲨鱼就可以知道是什么东西。

鲨鱼有一种很奇特的第六感觉。它不但能够探测出周围的温度、盐度的变化，还能够探测出周围微弱的电场变化。动物会在一定范围内产生一个小电场，假如它离鲨鱼不远，那么鲨鱼就会探测出这个电场，就能锁定自己的猎物了。通过实验证明，如果把鲨鱼喜欢吃的食物埋进沙子里，人的肉眼根本看不到，但是鲨鱼可以立即就能探测出来。

鲨鱼通过一系列的感觉发现、捕食猎物。根据猎物所处的不同范围，采用不同的方式探测：如果猎物在距离鲨鱼 1000 米之外，鲨鱼就用声音探测；如果猎物距离鲨鱼 100 米以内，鲨鱼就用嗅觉来探测；如果猎物离鲨鱼很近，在 1 米以内，那鲨鱼就靠劳伦士氏器的电感觉；当鲨鱼接触到猎物时，它就可以通过味觉来判定了。

在寻找食物时，通常都是一条或几条鲨鱼在水中游弋，一旦发现目标就会迅猛出击快速吞食。如果遇到轮船或飞机失事有大量食饵落水时，一大群鲨鱼闻风而至，聚集在一起，处于兴奋狂乱状态的鲨鱼几乎要吃掉所遇到的一切，甚至为了争食而互相残杀。

鲨鱼敏锐的感觉系统中以嗅觉最为敏感。某种味道只要嗅过一次，以后再遇到时它们也能识别得出。所以，人或动物一旦在海水中受伤出血，鲨鱼就会追逐血腥味迅速袭来。鲨鱼的听觉也很好，伤病鱼的挣扎、人不正常的游泳所产生的波动，很容易把鲨鱼招引来；猎物在数千米以外的不正常运动，它们也能探测得出。

34 珊瑚掠食者——长棘海星

珊瑚礁被人们誉为海洋中的"热带雨林"，之所以有这样的称号，是因为它在海洋生态系统中，是生物多样性最高的地方之一，具有非常重要的生态学功能，许多海洋生物的产卵、繁殖、栖息、躲避敌害等，都依赖它。据不完全统计，已知的海洋鱼类中，有超过四分之一的鱼类是靠珊瑚礁来生活的。

长棘海星

但是，珊瑚礁的生态系统却面临着退化的威胁，这主要源于人类活动造成的环境污染、开发破坏、自然因素的影响等，长棘海星的大面积爆发更是对珊瑚礁的生存造成了毁灭性的打击。这种状似葵花的水生物属于棘皮动物，浑身上下长满长刺，这种刺上带有剧毒，动物一旦被它扎伤，就会引起剧烈的疼痛以致中毒死亡。因为长棘海星的这种外形，人们给它取了一个好听的名字"荆棘之冠"。

珊瑚礁到底是受到了长棘海星怎样的"残害"，才导致它们的毁灭呢？原来，许多文晓的珊瑚虫聚合在一起，形成了海洋珊瑚礁中的珊瑚，长

棘海星只要借助无数分布在腕下半透明的小足，就可以轻而易举地吸附在凹凸不平的珊瑚礁表面上，捕食珊瑚虫了。长棘海星为了让自己能够稳妥地在珊瑚礁上捕食珊瑚虫，甚至还把自己的胃翻倒出来，覆盖在珊瑚礁上；不仅如此，它还分泌出消化液，让消化液通过珊瑚石灰质骨骼内的细孔，充分地"占领"珊瑚礁，使绞肉的珊瑚虫"无处可逃"，把它们变成自己的"美餐"。

长棘海星的成年个体一般大于 15 厘米，造礁石珊瑚是它们的主要食物，平均每年 5 ～ 13 平方米的珊瑚组织才能满足一个成年的个体长棘海星的食量。长棘海星在把石珊瑚吃得光秃秃的只剩下白色珊瑚礁骨骼时，也会让一些软体动物的组织充当自己的食物。

其实，长棘海星也很"挑食"的。鹿角珊瑚和杯形珊瑚的珊瑚虫是它们的"最爱"，蔷薇珊瑚屈居第二，滨珊瑚的珊瑚虫是它们最不喜欢捕食的。这可能跟珊瑚表面的能量跟蛋白质有关。因为鹿角珊瑚和杯

知识链接 **海星没有眼睛**

海星为什么能利用自己的身体洞察一切？原来，海星的棘皮上长有许多微小晶体，而且每一个晶体都能发挥眼睛的功能，以获得周围的信息。科学家对海星进行了解剖，结果发现，海星棘皮上的每个微小晶体都是一个完美的透镜，它的尺寸远远小于现在人类现有高科技制造出来的透镜。海星棘皮具有高度感光性，它能通过身体周围光的强度变化决定采取哪种隐蔽防范措施，另外还能通过改变自身颜色达到迷惑"敌人"的目的。

形珊瑚中单位珊瑚表面积含有的能量和蛋白质很丰富，而滨珊瑚中的能量和蛋白质的含量并不丰富，并且，其他一些无脊椎动物也会光顾滨珊瑚，这也会影响长棘海星的"食欲"。长棘海星对珊瑚的体型也很挑剔，大块头的珊瑚是它们最不愿意去捕食的；如果没有更好的选择，小块状和叶片状的珊瑚，它们也会屈就；扁平的和分枝状的鹿角珊瑚是最受长棘海星欢迎的。有研究表明，寄居蟹可以有效地地狱长棘海星对它的宿主珊瑚的捕食，较大个体的寄居蟹因为长着大鳌，其抵御效果最佳。

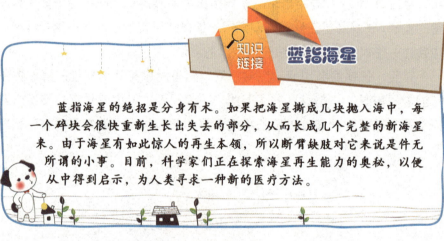

知识链接　　蓝指海星

　　蓝指海星的绝招是分身有术。如果把海星撕成几块抛入海中，每一个碎块会很快重新生长出失去的部分，从而长成几个完整的新海星来。由于海星有如此惊人的再生本领，所以断臂缺肢对它来说是件无所谓的小事。目前，科学家们正在探索海星再生能力的奥秘，以便从中得到启示，为人类寻求一种新的医疗方法。

35 鲇鱼装死捕食老鼠

大部分鲇鱼喜欢栖息在热带淡水中，也有一小部分生活在海水中。鲇鱼的头部又宽又大，口四周有几根敏感的长触须，很像猫的胡须，须上有许多味蕾，主要用来在昏暗的水中觅食。

　　生活在我国南方沿海地区的鲇鱼，专门诱捕岸上的老鼠。鲇鱼吃老鼠，也许你会觉得不可思议，都说"鱼儿离不开水"，可是水里的鲇鱼是怎么捕到岸上狡猾的老鼠的呢？

这种鲇鱼昼伏夜潜，白天慵懒地浮在水面上休息，一到夜晚就蠢蠢欲动出来觅食。对于如何捕到老鼠，它自有妙计引鼠上钩。鲇鱼摆动身躯游到浅滩，首先将尾巴露出水面，一动也不动地靠在岸边，身上发出阵阵的鱼腥味以此来引诱黑夜觅食的老鼠。饿极了的老鼠一路寻味而来，只见浅滩有

生活在我国南方沿海地区的鲇鱼，专门诱捕岸上的老鼠。

鱼尾巴浮出水面，不禁喜出望外，自以为可以饱食一餐。然而生性狡猾的老鼠不会轻举妄动，它先用爪子去拨动鲇鱼尾巴，鲇鱼却不动声色。于是就被老鼠误认为是死鱼一条。正当老鼠张嘴咬住鲇鱼尾巴拖到岸上的时候。鲇鱼抓住时机使出浑身解数，尾巴一挥把老鼠拉下水，在水里上演一场生

知识链接　鲇鱼的食疗作用

鲇鱼营养丰富，每100克鱼肉中含有64.1克水分和14.4克蛋白质，并含有多种矿物质和微量元素，特别适合体弱虚损、营养不良的人食用。鲇鱼还是名贵的营养佳品，可以和鱼翅、野生甲鱼相媲美，它的食疗作用和药用价值是其他鱼类所不具备的，具有独特的强精壮骨和益寿作用。

死搏斗。鲇鱼发挥了它在水中的优势，用锯齿般的牙齿咬住老鼠的腿，用力往深处拖，无奈老鼠不能在水中呼吸，挣扎了一会儿便活活淹死在水里。鲇鱼靠着"装死"的招数，捕得美食归。

除了会捕食老鼠的鲇鱼，还有一种生活在海水中的海鲇。它们常常成群地在海底游荡。海鲇身上长着美丽的条纹，胸鳍上有尖锐的毒刺，蜇人后，人会感到全身疼痛，即使没有生命危险，伤口也要很长时间才会痊愈。昆士兰鲇鱼是一种社会性的鱼类。它们常常成群地徘徊在珊瑚礁和岩岸边。大多数时间里，他们都隐藏在珊瑚礁中，守株待兔。一旦猎物从它们的家门口路过，它们就会迅速出击，捉住猎物。

36 带刺膨胀的刺豚

《海底总动员》牙医诊所的鱼缸里有一条圆滚滚的浑身长满刺的家伙，它就是刺豚。刺豚是鱼中的刺猬。它们和刺猬一样，只要碰到危险就会马上把身体的硬刺竖立起来，使敌人无从下口。不过它们还有一个刺猬所没有的本领，那就是能够把身体像气球

刺豚

一样涨大起来，让体形较小的敌人无法吞下它们。

刺豚是一种浑身长满了毒刺，有剧毒的海洋鱼类。刺豚的毒刺其实是它的鱼鳞变成的。毒刺里的毒素，其毒性堪比河豚鱼的毒。如果人被刺豚的刺刺中，就有可能会危及生命。刺豚的感觉非常灵敏，具有很高的警惕性。

它时刻注意着周围的环境变化，一旦有任何变化，就会立刻做出进攻的架势。它通过吞咽水和空气，使自己的身体充满气体，像皮球一样从深海中浮上来。此时的刺豚，浑身的毒刺竖起来，一副威风八面，不好欺负的样子。

刺豚是生活在海里的"旱鸭子"，它居然不会游泳。它之所以还没有被大自然淘汰，是因为它长了一身硬刺可以防身。刺豚遇到天敌的时候，马上会张开嘴，吸入海水，使身体迅速鼓起来，并竖起毒刺，以此来击退敌人。当危险过去之后，它又要用很大的力气从鳃孔、嘴中排出空气、海水，这样就又恢复到正常状态。

刺豚虽然不是海洋生物中的强者，但是通过这样的方式，它还是能够生存下来。如果谁碰到这样一个浑身长着毒刺的家伙，恐怕从哪个角度下口，都会被它的毒刺扎伤中毒，所以，捕食者只能乖乖放弃对它的"非分之想"了。就是海洋中的鲨鱼，也不得不放它一马。海洋中，一条凶猛的鲨鱼张开它那长满利齿的大嘴向刺豚扑过去。但是刺豚一点儿都不慌张，依然是有序地做着它的迎敌工作：张嘴，吸气、咽海水，直

知识链接 河豚毒素

河豚毒素多存在于河豚、海洋翻车鱼、斑节虾虎鱼和豪猪鱼等多种豚科鱼类的卵巢、皮肤、肝脏甚至肌肉中。许多两栖类爬虫如水晰、加利福尼亚蝾螈的皮肤中也含有河豚毒素，南美和非洲的土著居民常从一些两栖动物的皮肤上收集河豚毒素用以制箭毒。

大多数关于河豚毒素的食物中毒案例是由河豚引起的。造成河豚中毒的原因主要是未能识别出河豚而误食。

到身体膨胀得像一个刚充满气的皮球。此时，刺豚浑身的硬刺因为身体的膨胀而张开，就像精神抖擞的刺猬。以为马上就可以吃到美味的刺豚而激动万分的大鲨鱼早已把这些抛在脑后了，一口咬在了刺豚的身上。但今天它算是失算了，不但没把刺豚撕碎，反而被它扎得鲜血直流，只能悻悻地把吞到嘴里的"肥肉"又吐出来。虽然大鲨鱼不甘心就这样放弃，绕着刺豚转了一圈又一圈，但是实在是拿它没办法，只好放过刺豚。大鲨鱼游走了。刺豚又恢复到身体变膨胀之前的样子了。

刺豚平时和普通的鱼类一样，只是眼睛凸起，嘴巴肉肉的，像鸟一样。当它的嘴巴紧缩时，水流就会从嘴巴里射出来，以此来袭击那些在海底爬行的螃蟹等动物。那些被刺豚袭击的可怜的动物们就成了它的口中美食。

 海獭制敌自备工具

海獭是海洋中最小的哺乳动物。它的头很小，披着一身厚厚的皮毛，胖胖的、圆滚滚的身体非常可爱。海獭还是一个独具匠心的"工程师"，当它上岸时，会把一块块石头搬来构筑巢穴，除此之外它们还会利用石头敲击附着于岩石上的软体动物贝壳，然后将其击碎并打开，吞食其中的贝肉。

用石头砸贝壳是海獭最拿手的捕食手段，海獭最喜欢吃的食物是海胆，但是海胆的壳非常坚硬，靠牙齿是绝对咬不开的。聪明的海獭

海獭在集体晒太阳。

就想出了一个绝妙的办法：在海底抓到海胆后，先把海胆挟藏在两个前肢下面松弛的皮囊中，然后游到水中仰面躺下，拿出随身携带的大概有拳头大小的方形石块垫在在胸腹上当做作砧板，接着用前肢抓住猎物使劲往石头上撞击，撞击几次后看一下海胆的外壳有没有破碎，如果没有碎，就会继续用力撞击，直到海胆的壳裂开露出里面的肉为止，一看到壳被敲破，海獭便马上将里面的肉汁吸出来。

聪明的海獭在用石头敲击海胆时显得格外小心，唯恐被海胆又尖又长的刺扎着。经过一番辛勤的努力，终于吃上鲜美的海胆肉汁了。吃饱喝足后，小海獭更是得意洋洋，随手便把海胆的壳抛入大海。令人不可思议的是，海獭虽扔了海胆壳，但用于吃饭的"工具"——石头和吃剩下的食物，却整整齐齐地放入它的皮囊中，以备再用，即使海浪冲击也不会丢失。因为合适的石头不容易遇到，找到一块，海獭往往舍不得扔掉，一块石头要

知识链接 独特的睡觉方式

海獭睡觉的方式很特别，大部分海獭睡在海面上，有些海獭也会爬上岸，躺在岩石上睡觉。它们找到海藻丛生的岩石，连续打几个滚儿把海藻缠在身上，或者紧紧抓住海藻，然后才呼呼入睡。这么做的原因是为了避免在沉睡中被大浪冲走或沉入海底。海獭的这种睡觉方式可以有效地抵御来自岸上的敌人威胁。

海獭睡觉时，如果受到敌人的来犯或者受到惊吓，大多数成员立即潜水逃跑，一旦发现确有危险时，就用尾巴"噼啪噼啪"地猛击水面，以此作为报警信号，通知其他成员赶快潜逃。

用好几天。

一只海獭在一个半小时之内可以从海底捕获 54 只贻贝，在石头上撞击 2237 次。海獭靠"大吃大喝"来补充身体所需的能量。一只成年海獭每天要吃近 20 千克肉食，相当于它自身体重的四分之一。海獭为了能生存下去，以坚强的毅力和辛勤的劳动向生活发出挑战。

知识链接　爱干净的海獭

海獭平时特别爱干净。它的一生除了觅食和休息以外，总是用相当多的时间来梳理、舔擦自己，皮毛、头尾和四肢都不放过，连胸腹部这个"餐桌"也都洗得一干二净，它的这种"梳妆"是为了自己的生存。海獭全靠身上的皮毛起保护作用，如果皮毛乱蓬蓬的，或者沾上了脏东西，海水就会直接浸透皮肤，把身体的热量散失掉，还有可能会被冻死。

第五章

拟态伪装 "看我七十二变"

38 杜父鱼隐匿海底暗藏杀机

杜父鱼脑袋大身子扁，也被叫作"大头鱼"。因为周身光滑没有鱼鳞，胸脊又比较大，看上去就像一把扇子。这类鱼分布十分广泛，在咸水和淡水中都能找到，全世界大约有300多种杜父鱼。它们并不是只能生活在潮间带，也有一些生活在较深的海洋里。杜父鱼大多时候喜欢躲藏在水底，当水中缺氧时，它们可以浮出水面长时间呼吸。

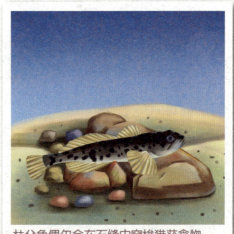

杜父鱼偶尔会在石缝中穿梭猎获食物。

生活在潮间带中的杜父鱼能够变色，头上和鳍上都长着刺，便于逃避天敌和伏击猎物。杜父鱼寻找食物时，偶尔会在石缝中穿梭，以鲑鱼的卵或幼虫为食。但是大部分时间不会主动出击，而是将自己隐藏起来，与周围的环境保持一致，等待猎物送上门来，马上来个迎头痛击。

鳕鱼、鲫鱼或者鲑鱼经常会上当受骗，变成杜父鱼的美食。这完全得益于杜父鱼的成功伪装和不动声色。如果一条莽撞的鳕鱼进入了杜父鱼的视线，而颇有心计的杜父鱼是绝对不会放过这个绝好机会的，它隐藏在两株海草之间，不动声色地监视着鳕鱼的一举一动，可怜的鳕鱼完全没有注意到自己正处于危险之中，还自得其乐地在海草中穿梭。只见鳕鱼游到杜父鱼附近的时候，一个转身就被杜父鱼咬住了尾巴，在挣扎的瞬间又被杜父鱼头上的刺扎出血来。杜父鱼死死咬住鳕鱼，利用头上和鳍上的尖刺三

臀斜杜父鱼

　　臀斜杜父鱼原产于美国加利福尼亚海岸，这种鱼可以在离开水体的情况下存活24小时。如果需要的话，它们会从一个潮池摇荡到另一潮池。这种不起眼的杜父鱼似乎对于它们在陆地与水体边界的生活方式感到非常满意。

　　在大约40亿年前，某种鱼类在相似的潮间带逐步扩展它们的空气呼吸、鳍行能力，使得它们更适于在陆地生存。

两下就把鳕鱼置于死地。杜父鱼的伏击战成功的概率很大，但是遇到天敌，杜父鱼便会改变战术，按兵不动，然后悄无声息地撤离。

　　生活在南极洲的近岸浅水区的南极杜父鱼。有着强烈的群体护卵的"意识"。每年6月是杜父鱼的繁殖期，它们会精心挑选一块扁平的石子作自己的"产床"，把卵产在上面，卵的孵化期长达14～18星期，在此期间，雌鱼一直守在旁边，寸步不离，只有觅食时才会离开一会儿。有趣的是，雌鱼暂时离开产床时，总是有一条雄鱼主动来保卫卵子。如果把雌鱼从产床上提走，马上就会有一条雄鱼游过来取而代之；如果提走了这条雄鱼，第二条雄鱼又来接替；接着提走了第二条，第三条……但总是有下一条雄鱼来接替。

39 枯叶蝶假扮枯叶亦幻亦真

枯叶蝶时常穿梭在悬崖峭壁和葱郁的树林深处，一旦受到惊吓，就会迅速飞离，逃到高大的树梢或林木深处的藤蔓枝干上，借助模仿枯叶的

枯叶蝶的拟态，在军事科学上有着重大的意义和作用。

本领隐匿起来。枯叶蝶是蝴蝶收藏的高档碟种，主要分布在中国南部和南亚地区，属于大型蛱蝶，以能够模拟枯叶而闻名于世。

枯叶蝶喜欢单独长途飞行，时飞时息，采食花蜜或树液。

枯叶蝶善于伪装成枯叶，它的翅膀像树叶。只要遇到天敌就会假扮枯叶，它收敛了原本美丽的花纹，隐藏了自身的颜色，变成了一张枯黄的树叶。但只要它展翅飞起来，又会变成一只举世无双的绝色蝴蝶。飞舞时，它露出翅膀的背面，如同绒缎般的墨蓝色，闪动着耀眼的光泽。而在前翅之间的那条金黄色的斜带纹线，就像为枯叶蝶佩上了一条"腰带"。在前后翅的边缘，匀有为枯叶蝶量身定做的褐色花边。

当它停下来在树枝或草叶上歇息的时候，两翅收合并竖立，全身侧呈古铜色，色彩和形态都很像一片枯叶，再加上一条贯穿前后翅的黑褐色纹线，如树叶的中脉；翅膀上有几个小黑点，就像枯叶上的霉斑。模仿枯叶活灵活现，可以以假乱真。

知识链接 枯叶蝶的拟态

枯叶蝶的拟态，在军事科学上有着重大的意义和作用。

1941年6月，德国军队侵入苏联境内，遭遇到苏军的伪装设施。苏军委托著名的蝴蝶专家施万维奇主持设计了一整套蝴蝶式防空迷彩伪装，将防御、变形、伪装三种方法相互配合起来，给圣彼得堡的众多军事目标披上了一层神奇的"隐身衣"，有效地防御了侵略军的进攻。

知识链接 蝴蝶效应

一只南美洲亚马孙河流域热带雨林中的蝴蝶，偶尔扇动几下翅膀，可以在两周以后引起美国德克萨斯州的一场龙卷风。原因就是蝴蝶扇动翅膀的运动，导致其身边的空气系统发生变化并产生微弱的气流，而微弱的气流的产生又会引起四周空气或其他系统产生相应的变化，由此引起一个连锁反应，最终导致其他系统的极大变化。

"蝴蝶效应"主要还是关于混沌学的一个比喻，不起眼的一个小动作却能引起一连串的巨大反应。

40 灵活变身的高智商章鱼

章鱼也叫八爪鱼，长着8个腕足，腕足上有许多吸盘；有时会喷出黑色的墨汁。有人称章鱼为"海洋魔术师"，因为它能喷水吐墨，能临场变色，能变形逃遁，能快速运动，能高速生长，能与巨鲸搏斗。

章鱼先将水吸入外套膜，呼吸后将水通过短漏斗状的体管排出体外。大部分章鱼用吸盘沿海底爬行，但受惊时会从体管喷出水流，喷射的水力强劲，从而迅速向反方向移动。遇到危险时会喷出墨汁似的物质，以便迅速逃离。

章鱼的吸力真的很强，随便就能吸着挂住。

章鱼可以连续六次往外喷射墨汁，还能任意改变自身的颜色和构造。章鱼能利用灵活的腕足在礁岩、石缝及海床间爬行，有时把自己伪装成一束珊瑚，有时又把自己装扮成一堆闪光的砾石。

章鱼的再生能力很强。每当章鱼遇到强大的敌人时，如果它的触腕被对方牢牢地抓住，关键时候它就会自动舍弃触腕，利用断触腕的蠕动来迷惑敌人，趁机快速逃走。一旦触腕断后，伤口处的血管就会自动收缩，使伤口迅速愈合，所以伤口是不会流血的，第二天就能长好，不久又长出新的触腕。

章鱼除了善于运用拟态伪装术和舍"腕"保身术之外，美国科学家还在印度洋海域发现会用两足"走路"逃生的"高智商"章鱼。在印度尼西亚热带海域有一种名为玛京内特斯的章鱼，跟苹果差不多大小，在面对危险时，这种章鱼会把八只"爪"中的其中六只向上弯曲折叠，做出椰壳的模样，而剩余的两只"爪"就会站在海底地面上，偷偷地向后挪动，以倒

知识链接 争夺虾青素

章鱼热衷于吃虾、蟹等甲壳类动物，只是为了生存需要，因为稳定的结构肌红蛋白是章鱼在深海生存的必要条件。虾青素是最强的抗氧化剂，是保证肌红蛋白结构稳定而不被氧化的必要条件。它与龙虾拼个你死我活，就是为了争夺虾青素资源。

科学家发现熟透的虾、蟹、三文鱼为代表的鱼类呈现出诱人的鲜红色的原因，是因为虾、蟹、三文鱼为代表鱼类等都富含虾青素。

退跨步走的方式逃跑。就像一个会行走的小椰子，姿势非常滑稽。另一种像核桃大小的艾库利特斯章鱼也会以双足行走，不过其他六足则伸展向外，模拟成海藻的模样。

41 海底会动的"石头"——石鱼

大部分时间，石鱼都会纹丝不动地潜伏在海底或岩礁下，跟周围的环境融为一体。它擅长伪装成长满海草的珊瑚或者岩石，而且它还会随着周围环境而变化颜色。这种鱼身长只有30厘米左右，相貌丑陋，粗短身材，头和嘴很大，眼睛很小，粗糙的皮肤布满了疣状肿块和肉垂，背鳍上长着12～14根粗大的毒棘。当它们遇到危险或发现捕食对象时，会立即张开身上所有的毒棘，刺向对方。这些尖利的棘能够刺穿人的脚跟，受害者很快失去知觉，如果大血管被刺穿，两三个小时之内人便会死亡。

在海洋中，石鱼也许是毒性最强的鱼类。石鱼的外表看起来平庸无奇，但它的叮咬功力可是出类拔萃，既疼痛无比又具有致命毒性。它生长在热带海洋中浅水域的岩石缝隙里，背部长有数根极为锋利的

马良八景之一的"万石撑坡石鱼窝"就是指这种石鱼的出处。

尖刺，被石鱼毒刺刺中的人会觉得呼吸困难，浑身剧烈疼痛，伴随而来的症状有恶寒、发烧、恶心，进而会引起昏厥、神经错乱、呕吐胆汁，接着心脏衰竭、血压下降，皮肤会在1个小时之内变成蓝色，面部会因痛苦抽搐而扭曲变形以致难以辨认，紧接着受害者会胡言乱语、谵妄无知，最后呼吸麻痹，失去知觉。即使免疫力最强的人也绝对挺不过24小时，便会一命呜呼，回天乏术。

> **知识链接　庐山石鱼**
>
> 　　庐山石鱼生长在庐山的峡谷溪流中，体形较小，长而略扁，肉质细嫩鲜美，味道香醇，因而遐迩闻名。石鱼营养成分丰富，不论炒、烩、炖、泡都可以。"石鱼炒蛋"是庐山特产名菜之一。
> 　　庐山石鱼除了庐山之外，在九江、宜春、赣州、吉安等地的山区都有发现，但以庐山石鱼品质最高。

　　因为石鱼的毒液并不单纯属于呼吸型毒液，同时也是神经性的。如果要挽救受害者的生命只有一种方法，需要受害者经得住烫伤的痛苦，那就是把伤口浸泡在滚烫的水里，因为高温对酶结构的破坏是不可逆转的，中毒时间短的受害者一般可以捡回一条命。

　　迄今为止，科学家还没有找到有效解毒的药物，而且普通药品在这样短暂的发作时间内一般也难以配备使用。如果用普通的紧扎动脉的办法来阻止毒素扩散到近心部位，这种急救方法收效甚微，有时还会适得其反。虽然石鱼毒性很强，但是一旦拔掉它的毒刺之后它就只能任人宰割了。虽然很多人看到石鱼的样子会没了食欲，但是依旧有人对石鱼情有独钟。据说石鱼肉厚刺少，清蒸或煮汤食用味道甚美，肉质白嫩，肉味略显甘苦，吃了之后会感到血压升高，兴奋冲动；尤其是用石鱼的鱼鳔晒干后加工成的鱼肚汆汤，味道丝毫不亚于鱼翅和燕窝。

42 叶海龙如同漂浮的海草

被称为"世界上最优雅泳客"的叶海龙生活在澳大利亚南部沿海相对寒冷的水域里，因为全身呈现金黄色，头上有角，额下有须，腹下有足，背上有鳍，身上有节，尾巴有卷，看起来既像海藻叶又像中国神话传说中的龙，所以就被称为"叶海龙"、"海藻龙"。这是一种美丽非凡的鱼类，身上布满形态美丽的绿叶，游动起来，摇曳生姿，令人啧啧称绝。

叶海龙和海马是亲戚，属于同一家族，无论形态、生活习性和饮食习性都很相似。不同的是叶海龙的身体比海马大一些，叶海龙的头部和身体有叶状附肢，尾巴也不像海马的可以盘卷起来。叶海龙主要栖息在隐蔽性较好的礁石和海藻丛生密集的浅海水域。栖息水域的一般深度为 4～30 米，但在50 米深的水域也可以发现叶海龙的踪影。幼体的叶海龙一般生活在较浅的水域，而成体叶海龙则喜欢生活在水深 10 米以上的海域。成体叶海龙的体色可因个体差异以及栖息海域的深浅而呈现绿、橙、金等不同体色。

外观像海藻叶又像龙的叶海龙，无疑是海洋鱼类中最让人惊叹的生物之一。作为海洋生物中杰出的伪装大师，叶海龙的伪装道具是精细的叶状附肢。它的身体由骨质板组成，并向四周延伸出一株株海藻叶一样的瓣状附肢。此外叶海龙还利用其独特的前后摇摆的运动方式前行，如果遇到捕

叶海龙

食者，它们唯一的自我防护措施就是躲在海草和褐藻中。更多的时候，它们是摆动着前行，而不是游泳。

为了躲避海洋中的捕食者，叶海龙的鳍进化成叶子的样子，这些鳍只是作为附属物起到迷惑捕食者的作用，而并不能像真正的鳍一样运动。而真正能运动的鳍是透明的，你几乎发现不了，这也就使得我们觉得这团东西只是在漫无目的地飘着。很少有捕食者愿意吃海草的。这样的伪装往往很有效果。

叶海龙没有牙齿和胃，它的嘴巴很特别，长长的像吸管一样。这一结构特点使得叶海龙适应以吮吸的摄食方式把浮游生物、糠虾及海虱等其他小型的海洋生物吸进肚子里。

知识链接　豆丁海马

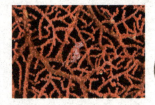

叶海龙是同海马亲缘关系最近的生物，而豆丁海马是水族馆中唯一被人类所发现的模拟野生珊瑚的物种。珊瑚礁是个荒凉的居住环境，因此它们的"居民"通常借助伪装来保证安全。豆丁海马在珊瑚礁中隐藏得非常好，非常有经验。这种海马体长不足一英寸而且全身布满珊瑚状"结节"，它生存的所有手段都依赖太平洋中的两种珊瑚礁（每一种都有相匹配的颜色模式）。

根据国家自然保护联盟的调查，豆丁海马是成双成对的或许是"一夫一妻制"，但是由于数据不足，它们的存活状态仍然未知。

43 蛙嘴夜鹰模仿树木纹理隐匿身形

蛙嘴夜鹰以多孔的鸟嘴和黄色的大眼睛而闻名，看起来像卡通片中的角色。蛙嘴夜鹰是澳大利亚最常见的一类夜鹰，被澳大利亚人称为"鼻子上长羽毛的家伙"。这种常在夜间出没的猛禽出生时浑身覆盖着银灰色羽毛，腹部颜色略浅，上面不规则地分布着褐色或红褐色条纹或斑点，换毛以后整体呈赤褐色。它的主要特征是嘴短宽，有发达的嘴须，鼻孔是管形的。身体羽毛柔软，发暗褐色，有细形横斑，喉部有白斑。雄鸟尾上也有白斑，飞行时特别明显。夜鹰的羽毛呈现淡红褐或淡灰色，和树皮非常相似，这层保护色使得它很难被人发现。

尽管蛙嘴夜鹰与猫头鹰有关，但是它们是两种不同的鸟类。蛙嘴夜鹰是蹩脚的飞行者，不能使用它们的爪子捕捉猎物。事实上，它们甚至不会飞着去捕食，相反的是它们非常安静地待在树上，等待猎物送上门来。它白天常常蹲伏在树木众多的山坡地或树枝上，当在树上停栖时，身体贴伏在枝上，有如枯树节，所以俗称"贴树皮"。

每当夜幕降临，蛙嘴夜鹰就像猫头鹰一样出来活动觅食，但是它们主要以昆虫为食，用青蛙一样的嘴巴捕食。蛙嘴夜鹰时常在夜间鸣叫，发出连续的单音节叫声"嗒嗒嗒嗒"，像是机关枪连续射击时发出的声音，经常彻夜不停。蛙嘴夜鹰的听觉和视觉都很灵敏，一双大

斯里兰卡的蛙嘴夜鹰

眼睛在黑暗中闪闪发亮。羽毛又轻又软，飞行的时候悄然无声，能在空中快速回旋、滑翔。嘴巴极为宽阔，可以张得很大，口两侧还生有成排的硬须，在空中捕虫时，大口犹如虫网可将大量昆虫兜入，中趾上长有梳子一样的缘，可以用来将沾在须上的昆虫梳进口中。

蛙嘴夜鹰典型的捕食策略就是"守株待兔"，它不会去试图获取地面的猎物，而是悠闲地站在树枝上，等待昆虫飞过便突然飞出捕捉。飞行时，两翅缓慢地鼓动，也能长时间滑翔，不停地在空中捕食蚊、虻、蛾等昆虫。在捕捉昆虫时，能够突然曲折地绕飞。一旦遇到敌人，就会利用羽毛的花纹来伪装成树桩，一旦发现危险便采取类似"冻僵"的姿势使它们更加像一截断了的树桩来躲避危险。而从栖息姿势到"冻僵"姿势的转变也很难被发觉。当受挑衅时，它会张开双翅和大嘴，摆出一副咄咄逼人的样子，以恐吓对方。

蛙嘴夜鹰从不筑巢，每年五至七月间繁殖，将卵产在地面或岩石上，茂密的针叶林或矮树丛间，野草或灌木的下面。每次产卵两个，卵呈白色，杂有灰褐和暗灰色斑。孵卵的工作由雌雄鸟交替进行，白天由雌鸟负责，晨昏由雄鸟接替。

知识链接 F-117 "夜鹰" 战斗机

F-117 "夜鹰"是美国空军的一种隐身攻击机，也是世界上第一款完全以隐形技术设计的飞机。自装备部队以来参加了入侵巴拿马、海湾战争、科索沃战争、阿富汗战争、伊拉克战争等多次实战行动，战果显著。2008年退出现役。

44 拥有美丽伪装层的金钱豹

金钱豹是动物世界里仅次于老虎和狮子的第三号杀手。它身手灵活、矫健，奔跑时速可达90千米，既会游泳，又会爬树，而且性情机敏，嗅觉、听觉和视觉都很好，智力超群，隐蔽性强，堪称完美猎手。

栖息在树上的金钱豹

金钱豹体态像老虎，头圆、耳朵小，毛色棕黄鲜亮，背部颜色较深，腹部为乳白色，全身棕黄而遍布黑褐色金钱状花斑，由此得名。还有一种黑化型个体，通体暗黑褐，仔细观察能看见圆形花斑，常被称为墨豹。

金钱豹的皮毛是一层天然的保护色，当它埋伏在树林中，身上的斑点和树荫、树叶混为一体。没有两只金钱豹身上的花斑是完全相同的。由于金钱豹奔跑时缺乏耐力，因此，它总是愿意待在密林深处狩猎。利用树叶作伪装完全融入背景中而不被猎物发现。金钱豹大多独来独往，经常在夜间或凌晨、傍晚出没，一般不轻易伤人。

生性凶猛的金钱豹善于跳跃和攀爬，喜欢夜间活动。在月光下，金钱豹肚皮下那一条白色的轮廓线显得格外清晰。往往就是这条线，经常使它的进攻计划受挫。而在阳光下，金钱豹身上的斑点和花形图案形成了一层华丽的伪装层。阳光穿过森林，照在它金色的皮毛上。如果此时它站立不动，即使在几米之外，也难以发现它的存在。金钱豹全身只有两处没有保护色：一处在尾巴下面，另一处在耳朵后面，·这些白色斑纹使小豹子夜间在森林中行走时能够跟上它的父母。

知识链接 奇特的进食习惯

　　金钱豹有一种相当奇特的习惯，它总是把捕食回来的猎物悬挂在树枝上。由此，这棵树就成了金钱豹的食品贮藏室。豹子可以在它想进食的任何时候，回来享受它的猎物。高悬在树上的食物可以有效地防止其他食肉动物和食腐动物的偷窃。

　　而狮子和猎豹只是偶然爬到树枝上，为的是更好地观察周围的情况。而只有金钱豹是唯一把树作为家的大型猫科动物。

　　金钱豹的栖息环境多种多样，森林、丛林地带、草原、山区、丘陵地带都有金钱豹的身影。它们或穴居，或在草丛、树丛中栖息。金钱豹一般不主动向人进攻，与人相遇时，也大多是与人两相对峙，几分钟后，只要人不乱动、乱跑或高声喊叫，它便自动回避，走进密林之中。金钱豹只有在数量过多、食物短缺时，才来到村庄附近，伤害牲畜。而金钱豹的数量锐减时，给农业带来更大危害的野猪等动物的数量就会增加，所以金钱豹是自然界维持生态平衡的重要因子之一。

45 蚁蛛酷似蚂蚁混淆视听

蚁蛛体型窄长，无论在形态还是色泽上，跟蚂蚁都非常像。尤其是混迹在密密麻麻的蚂蚁群中时，几乎察觉不到它们的存在。两者的相似度可达到80%以上。

黄蚁蛛

其实蚁蛛和蚂蚁是两种不同的动物，蚁蛛只有一个体节、四对足、最多有八只眼睛，体型属于圆宽形，步足也比较粗壮，不属于昆虫类。而蚂蚁却拥有三个体节，一对触角，三对足，另外还有两只复眼。体型细长，步足纤细。大多数蚂蚁外表有光泽并不长毛。而蚁蛛却有很多毛。

蚁蛛头胸部背面狭长。头部与胸部之间有紧缢，腹柄清晰可见。眼区几乎呈正方形。雄蛛螯肢极发达，又长又大而且很粗壮，向前突出。雌蛛触肢扁平，易被误认为雄蛛。让人感到惊奇的是蚁蛛不但体色、形态像蚂蚁，最有趣的是，蚁蛛只靠后面三对足移动，第一对步足很少用来行走，而是常常高高举于前方不时地摆动，伪装成蚂蚁的触角，有的蚁蛛甚至可以用前足和蚂蚁进行短暂的"触角交谈"，以消除蚂蚁的戒心。除了外表酷似蚂蚁之外，就连行为和动作都扮得很像，包括行走姿态，模仿蚁的急停及"Z"形的步法，及触角不停在空中摇晃的动作等。

蚁蛛跟普通蜘蛛不一样，喜欢群居生活，一张网上往往会挂上 10 ～ 50 只蜘蛛，搬家时也往往成群结队。通常游荡在稻田、棉花地、果园和灌木丛等的枝叶间，以蚂蚁和其他小昆虫为食。蚁蛛外出捕食的时候是群体行动，它们总是成群结队地混入蚂蚁的队伍当中。为了完成其伪装工作，蚁蛛杀死一只蚂蚁，然后抓住蚂蚁的颈部，用受害蚂蚁的头假装自己的头，然后蚁蛛扛着受害蚂蚁的尸体，自由行走于猎物聚居区中，肆无忌惮地杀戮。这么做的目的一来是保护自己，二来是让自己看起来像扛着掉队同胞的工蚁。蚁蛛会找单独离群的蚂蚁下手。有时盗取蚂蚁幼虫，有时直接攻击成年蚂蚁。但有时也会无功而返。在大自然中，弱小的蚁蛛天敌很多，鸟类、

知识链接　善于模仿的蜘蛛

在生物界中，为了生存而改变自己颜色的事例很常见，蜘蛛就有这样的功能。弓足梢蛛和满蟹蛛就能根据环境的变化改变自己身体的颜色，它们能够把自己体表的颜色变为白色或黄色甚至紫色，以便适应它们所在的花丛。这个变化的过程大概需要几天时间。这种色彩的变化可谓是一举两得：迷惑探访花丛中的昆虫，把它们作为猎物捕获，供自己享用。

蜘蛛通过改变自己体表的颜色，还可以迷惑天敌，在花丛中，自己大可放心。因为，大部分的昆虫和人类的视觉系统是不一样的。它们能够看到紫外光，儿白色和黄色的蟹蛛是可以吸收紫外光的，所以，那些天敌们根本不会有机会发现蟹蛛的存在。

知识链接　拟蚁现象

在生物界，总会有优胜劣汰的规律存在着，如果自身的防卫能力低，很有可能会被其他生物吃掉。昆虫类更是面临着被其他动物取食的危险。为了防止和避免出现这种情况，它们常常模拟那些不能吃的、有毒的或者"不好惹"的生物或非生物，通过这种方法来吓退它们的天敌。

虽然没有从根本上提高自身的防卫能力，但是也能让它们的天敌知难而退。很多动物都会模仿蚂蚁。为什么呢？因为蚂蚁很团结，它们对外来的入侵者，向来是群起而攻之，它们还能够分泌蚁酸，有些蚂蚁的种类还有螫针，具有一定的威慑力。蚂蚁是很多昆虫的天敌，所以有些昆虫通过模仿蚂蚁，借助蚂蚁的威慑力，来有效地保护自己。

两栖爬虫包括昆虫都爱捕食蚁蛛。而蚂蚁因为社会性群居，有着坚硬的外壳及大颚，还会分泌蚁酸。除了特定捕食者，几乎都对蚂蚁不感兴趣。而蚁蛛正是利用蚂蚁这个特点，伪装成蚂蚁逃避其他捕食者的威胁。事实上，许多种蚁蛛有都很强的模仿能力，大约有100多种不同的蚁蛛都有这种特性，它们都懂得把自己伪装起来，达到保护自己、迷惑敌人的目的。

46 比目鱼融入海床瞒天过海

乎所有的鱼，体形都是对称的，除了比目鱼（学名：斑点沙鲆鱼）。它的身体极其不对称，两眼完全在头的一侧；另一特征为体色，有眼的一侧有颜色，但无眼的一侧为白色。有趣的是，由于比目鱼的品种不同和各自生活习惯的不同，有的眼睛向左移动，有的又都向右移动，同时，嘴巴和其他器官也会跟着向另一边偏斜。

比目鱼的身体表面有极细密的鳞片，只有一条背鳍，从头部几乎延伸到尾鳍。它是海水鱼中的一大类，北方叫偏口鱼。广东称其鲜品为"左口鱼"，称其干制品为"大地鱼"，因为它的形状像鞋底，也有人叫它"鞋底鱼"。

比目鱼栖息在浅海的沙质海底，在水中游动时不像其他鱼类那样脊背向上，而是有眼睛的一侧向上，侧着身子游泳。静止时一侧伏卧，部分身体经常埋在泥沙中，能随环境的颜色而改变体色。它们蜷缩在海床上，在身体

沙鲆鱼

上覆盖一层沙子，只露出两只眼睛等待猎物、躲避捕食。通常依靠类似卵石的体色来帮助它们骗过那些捕食者，出其不意地伏击小虾、蠕虫和鱼苗。

比目鱼能在短时间内迅速地将自身体表颜色变化得与环境相似，这种使体色变化与环境统一的能力是其他鱼类所不能相比的。通常，比目鱼的变色范围仅限于普通环境的颜色，对于黑色、白色、褐色、灰色、黄色等颜色，瞬息间即能完成变色，变为红色要困难一些，对蓝色和绿色要更长时间，有时需延长到半小时左右。

比目鱼也不一定要贴在海底靠拟态以及嗅觉和触觉来觅食，因为比目鱼中的鳒就是长着满嘴利牙通过在水层中游动来吃鱼的鱼，所以它们也会像其他鱼一样做长距离觅食，产卵或越冬的洄游。比目鱼除了通过隐身来保护自己外，还有一项绝招，那就是有些种类，如豹鳎的鳍基部有一列毒腺，所分泌的黏液中的化学物质可以让想攻击它的鲨鱼的上下颌麻痹合不起来。

知识链接 比目鱼的传说

因为比目鱼相貌古怪，各种传说也就应运而生。阿拉伯人对比目鱼身体两侧颜色的不同，传说得非常有趣。据说有个叫摩西的人，拿了一条比目鱼来做菜，当一面煎成焦黄色时，油已经用完了，结果这条半生不熟的鱼不能做菜吃，摩西就随手将它扔回海里。不料那条鱼在海里复活了，从此以后，这条鱼的后代就有了这种奇妙的颜色。

我国南方沿海的渔民对比目鱼那张歪歪扭扭的嘴巴，传说得更神了。说它的嘴巴是让东海龙王一巴掌打歪的，因为哪吒闹东海时，它贪生怕死，违抗军令。

其实，比目鱼这种奇异形状并不是与生俱来的。刚孵化出来的小比目鱼的眼睛也是生在两边的，眼睛长在头部两侧。每侧各一个，对称摆放，跟普通鱼类的样子很相似。但是接近成年的时候会经历一次戏剧性的变化。它们生活在水的上层，常常在水面附近游泳。大约经过 20 多天，比目鱼幼体形态开始变化。当比目鱼的幼体长到 1 厘米时，奇怪的事情发生了。比目鱼一侧的眼睛开始搬家。它通过头的上缘逐渐移动到对面的一边，直到跟另一只眼睛接近时，才停止移动。不同种类的比目鱼眼睛搬家的方法和路线有所不同。

比目鱼是名贵的海产。它的身体一般长 25～50 厘米，最大的比目鱼有 70 厘米。比目鱼会根据季节的更替，做短距离的集群洄游。在我国沿海，比目鱼有广泛的分布。黄海、渤海的渔民们用海底拖网捕捞比目鱼。新鲜的比目鱼可以食用或者制作成罐头。比目鱼的肝脏还可以提炼鱼肝油。

47 兰花螳螂扮作花朵显娇俏

很多种类的螳螂都具有伪装的本领。它们利用保护色与周围的植物融为一体，其目的有两个：一是为了防御敌人的侵害，二是为了有效地捕食。有些螳螂不但可以与植物融为一体，甚至还可以直接模仿植物的形态，让其他的动物以为它是新鲜的树叶、树皮、花朵甚至石头，简直就跟周围的东西没有什么区别。在非洲和澳大利亚的一些螳螂，在森林发生大火的地区，它们能够在蜕皮之后把体表的颜色变成黑色，让外界误以为它是被大火烧过的东西。

兰花螳螂应该算是螳螂目中最漂亮抢眼的昆虫明星了。你见过长得和粉红淡雅的兰花十分相似的螳螂吗？这种长得像朵粉红淡雅兰花的螳螂，如果不是亲眼目睹，真的很难令人相信。兰花螳螂最擅长的诡计就是伪装术，其

拟态造型似花，色彩鲜艳，轻而易举地骗来传粉或盗蜜的昆虫，成为自己的美餐，同时它又很难被天敌发现，从而也很好地保护了自己。

兰花螳螂是世界上进化得最完美的生物，在很多不同种类的兰花中会生长着不同的兰花螳螂，它们有最完美的伪装，而且能随着花色的深浅调整自己身体的颜色。它们的步肢演化出类似花瓣的构造和颜色，可以在兰花中拟态而不会被猎物察觉。兰花螳螂并不是一生都这么漂亮，如花似玉的年龄是有限的。初生幼体呈现特殊的红黑两色组合，在第一次蜕皮之后才会转变为白色和粉红色相间的兰花体色。到成虫之后，粉红色会消失而出现棕色的色斑，体色也会由乳白色转变为浅黄色。

兰花螳螂栖息在各种不同的兰花上。

螳螂会有摇摆身体的行为，竹节虫也有摇摆身体的行为，螳螂的身体有节律地，重复地从一边摇到另一边。它摇摆身体的目的，是为了模拟风中的植被，强化保护色。这种重复摇摆的行为，通常被认为是螳螂的便是背景中的目标的运动，在总体不太爱动的、较简单的动物中常常见到这种视觉机制。因为这让它们无需过多的飞行或奔跑就能够识别猎物或者天敌。兰花螳螂是夜行性昆虫。在黑夜中，它们会毫不留情地掠杀体型比自己小的

知识链接　**兰花螳螂雌雄区分**

兰花螳螂雌雄的辨别在第一次蜕皮后就可以分辨出来。在没有蜕皮之前，雌雄性的腹部都是八节；但是蜕皮之后，雄性的腹部仍然维持八节，但是雌性却会由八节合并为六节。另外由体型上也可以轻易分辨。当兰花螳螂的翅膀长好的时候就是成年的阶段，这时雄性的体型只有雌的一半，非常悬殊，而且雄性的棕色斑面积会比较大。

其他昆虫。成年兰花螳螂会将屁股高高举起，将自己折叠伪装，模拟花朵以吸引猎物。兰花螳螂优雅的姿态和完美的颜色便是迷惑他人的毒药。

兰花螳螂栖息在各种不同的兰花上，并且巧妙地伪装成背景花卉相似的颜色和形态，使得一些蜜蜂、苍蝇误将它当成兰花的一部分，当这些猎物不经意间落在花卉之间，伪装之下的兰花螳螂便会发起突然攻击。

和其他种类的螳螂一样，兰花螳螂是捕食性昆虫，从出生就具有掠食本能，即使是同类，也一样互相残杀。只要是活的昆虫，如苍蝇、蜘蛛、蜜蜂、蝴蝶、飞蛾等它们都会捕食。因为兰花螳螂主要是在兰花上等待猎物送上门，所以它们捕食的对象多半也是围绕花朵生活的小型节肢动物和爬虫类或鸟类。

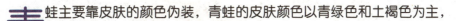

48 青蛙家族的伪装高手——树蛙

青蛙主要靠皮肤的颜色伪装，青蛙的皮肤颜色以青绿色和土褐色为主，但皮肤的色素细胞会随着环境、温度等外在条件而有所变化，比如躲在土里的台北树蛙，常常都是土褐色的；而栖息在植物上的却又是亮丽的绿色，差异很大，有时真让人不敢相信是相同的蛙种。其实这是树蛙为了配合环境颜色改变体色，达到隐蔽的效果。

生活在中美洲的热带雨林地区的红眼树蛙，长着一双猩红且充满活力的红色双眼，背部一片鲜艳

树蛙

的亮绿，再加上身体两侧那无比吸引人的澄蓝色，以及橘红色的脚趾，活脱脱一个色彩鲜艳的拼盘。它的脚蹼很大，形状像水杯。它的皮肤在夜里会变得暗，这样，它的天敌就很难发现它。天亮的时候，它的皮肤就会发出绿色的亮光，看上去像翠绿的树叶。当树蛙蜷缩在树叶上睡觉时，它身上那明亮的光泽会变得暗淡，红红的大眼睛会藏进脑袋里，腿也会收拢到身体下面。如果你轻轻地碰它一下，它那红红的大眼睛会瞪得溜圆溜圆，而它那美丽又细长的腿就会慢慢地从柔软的身体下面伸出来。

其实许多蛙类身上都有花纹，乍一眼看下去很醒目，有些和周围环境融为一体不易辨别。例如有些青蛙头部的眼睛及鼓膜部分有深色纵带或菱形黑斑，就像带着一个黑眼罩，事实上这条"黑眼罩"是为了遮住头部重要的感觉器官，避免遭受攻击。此外，有些青蛙的四肢有深色横纹、体侧有纵向花纹或者在背部中央有一条浅色背中线将身体分成两半，这种花纹主要是为了打破身体原本的轮廓，让青蛙看起来不像青蛙，借

知识链接 新型黏合剂

树蛙能够依靠脚趾将身体粘紧并倒挂在树枝上是一个自然奇迹。在动物世界中，黏合机制的进化经历了数百万年的考验，非常神奇。这些动物单单一只脚的黏合力就高达其体重的 50～100 倍，而且可以在任何时候迅速解除粘力。此外，跟绝大部分的人造黏合剂不同的是，这种黏合性不会受灰尘或其他微粒的影响。

印度理工学院坎普尔分院的科研小组由树蛙脚趾可分泌黏液的腺组织获得灵感，突破性地研制出一种黏性超强的黏合剂，强度是普通黏剂的30倍。

此扰乱敌人的视线。

有趣的是有些青蛙的大腿内侧还有醒目的颜色或特殊花纹，而且只有在跳跃或游泳时才会露出来。例如莫氏树蛙的大腿内侧为红色，百额树蛙的大腿侧及腹侧有网状花纹，当青蛙逃跑时，突然露出不一样的颜色或花纹来迷惑天敌，然后青蛙利用这一瞬间争取逃脱的机会。

青蛙的皮肤对于蛙类来说，除了具伪装的效果以外，其实还扮演很重要的角色，例如可以帮助呼吸，用来感应周围环境的温度和温度变化，有些青蛙的皮肤还带着毒性，让吃下它们的天敌感到不适甚至中毒，如蟾蜍和花狭口蛙。青蛙的皮肤对环境的敏感度非常高，所以是很好的环境指标动物，当青蛙突然从我们居住的地方消失或减少时，也表示附近的环境出现重大变化，将来可能会影响到人类的健康。

 "隐身术大师"——竹节虫

然界中有一种昆虫，具有高超的伪装本领，当它栖息在树枝上或是攀附在树干上时，常常能骗过人的眼睛，简直就是以假乱真、真假难辨。

竹节虫大部分身体细长，像植物枝条，少部分身体宽扁，像植物叶片。

这种会"隐身术"的昆虫就是竹节虫。人们经常会把竹节虫当成树枝或者把树枝当成竹节虫。而大部分时间，竹节虫伪装成树枝一动不动，有时甚至连它们自己的同类都会上当受骗。

大部分竹节虫的体形属于竹节状，这样的体型模仿植物的枝条，不仅形状和颜色惟妙惟肖，而且连细节也十分逼真。有一种竹节虫伪装成一块树皮，为了更真实，顺便在身上披上一点青苔。另有一种竹节虫可以把头藏在前腿的弯凹处，身体和腿却紧紧地贴着植物。只要它们不动，人和其他动物基本上看不见它们，只有在"相亲"或吃食时，这些竹节虫才会因"眼动"而被发觉。

小小的竹节虫靠着这门"隐身术"行走在自然界中，得以保全自己。如果竹节虫不小心落入敌人的手上，它会马上张开轻盈的翅膀，让自己看上去显得很强大，以此迷惑敌人。接着释放出一股发臭发霉的味道直冲敌人的鼻子，像催泪弹一样吓退敌人。因为竹节虫的第一胸节内有一种腺体，分泌出来的臭味就是对付敌人极有效的武器，连鼠类和鸟类都会因此而放弃它们。澳大利亚的巨型竹节虫能将一种乳白色的腺体喷出2米远。还有的竹节虫会通过带刺的甲壳来保护自己。

难道会"隐身术"和放射"毒气"就能安然无恙了吗？答案是否定的，

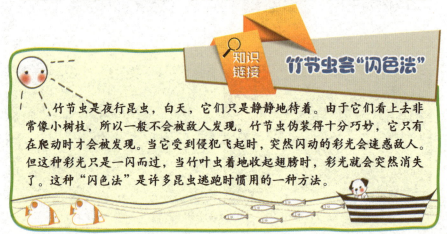

知识链接

竹节虫会"闪色法"

竹节虫是夜行昆虫，白天，它们只是静静地待着。由于它们看上去非常像小树枝，所以一般不会被敌人发现。竹节虫伪装得十分巧妙，它只有在爬动时才会被发现。当它受到侵犯飞起时，突然闪动的彩光会迷惑敌人。但这种彩光只是一闪而过，当竹叶虫着地收起翅膀时，彩光就会突然消失了。这种"闪色法"是许多昆虫逃跑时惯用的一种方法。

面对敌人竹节虫还有一套自保的本领。在情况危急时，会断肢逃命。有许多种类的竹节虫都会随时准备断足保命，假如负伤逃脱的竹节虫还没有成年的话，这只断足一般都会再长出来，不过这种伎俩如果超过三次就会威胁到生命。

它还能根据光线、湿度、温度的差异改变体色，让自身完全融入到周围的环境中，使鸟类、蜥蜴、蜘蛛等天敌难以发现它的存在。竹节虫奇特的隐身生存行为，比其他拟态的昆虫技高一筹，不愧为"隐身术大师"。

50 善变的变色龙

说起爬行动物中的掠食者，大家首先想到的就是鳄鱼和科莫多巨蜥，很少人会想到变色龙。然而有一种非常特别的蜥蜴，除了会变色以外，还有一双能够360度转动和同时注视两个不同地点的立体眼。它们甚至还能看紫外线。一旦锁定目标，变色龙就会伸出长于它们身体2倍的舌头在三万分之一秒时间内袭击猎物，把击晕的猎物收到口中慢慢享用。

变色龙是自然界中当之无愧的"伪装高手"，为了逃避天敌的侵犯，这种爬行动物常在人们不经意间改变身体颜色，然后一动不动地将自己融入周围的环境之中。当然，变色龙变换体色不仅仅是为了伪装，另一个重要作用是为了实现变色龙之间的信息传递，便于和同伴沟通，相当于人类的语言一样。

变色龙捕捉食物全靠舌头，它的舌头很长很灵敏，舌头的长度是自己身体的2倍，而且舌尖上有腺体，能够分泌大量黏液粘住昆虫。对于近距离的昆虫，变色龙长舌一伸，昆虫轻松入口。如果昆虫距离比较远，变色龙就会缓缓接近昆虫，先慢慢地抬起一条腿，向前移动一点，脚趾牢牢地扣住枝条，然后再移动第二条、第三条和第四条腿。就这样，变色龙接近了猎物。就在这时，它的一只眼睛紧紧盯着自己的食物，另一只眼睛却不停地四处转动，以此防备敌人的突然袭击。当变色龙走到与昆虫的有效距

变色龙是自然界中的"伪装高手"。

离之内，就立即伸出长舌，眨眼间，粘在舌头上的猎物就已经落入到了变色龙的肚子里。

　　大部分爬行动物都只是凭借舌头的粗糙或者黏性，将昆虫吸附或者粘在舌头上。变色龙虽然同样用的是舌头，但是变色龙的舌头在捕食的时候真正起作用的是阻碍被捕食对象的运动。在变色龙的舌头与猎物接触之前，它舌头的尖端首先形成一个具有空气负压的吸力杯。接触后，其舌头组织就像真空泵一样将吸力拖拽回来。这使得猎物被困住，然后再变成为它的食物。

知识链接　变色龙靠"变色"沟通交流

　　变色龙之间的信息传递和表达是通过变换体色来完成的，它们经常在捍卫自己领地和拒绝求偶者时，表现出不同的体色。为了显示自己对领地的统治权，雄性变色龙对向侵犯领地的同类示威，体色也相应地呈现出明亮色；当遇到自己不喜欢的求偶者时，雌性变色龙会表示拒绝，体色会变得暗淡，且显现出闪动的红色斑点；此外，当变色龙对同类挑起争端、发动攻击时，体色会变得很暗。

第六章

"狼"角色来势汹汹显威风

大嘴河马咬合力惊人　　　　狼獾从天而降威慑敌人

拥有强劲撕咬能力的袋獾

靠不断收缩勒死猎物的蟒蛇

连鲨鱼都不敢惹的蝠鲼　　　苍鹰进攻快准狠

专攻对手头部的白鼬　　　　紧追移动物体的虎鲨

世界进攻速度排名第一的白蚁　游隼空中进攻如同高速飞机

51 大嘴河马咬合力惊人

我们在动物园里看到的河马长相憨厚老实，看起来很像一头巨型的猪，身体笨重而厚实，脖子非常粗壮。河马的身体由一层厚厚的皮包着，皮呈蓝黑色，上面有砖红色的斑纹，除尾巴上有一些短毛外，身体上几乎没有毛。河马的皮格外厚，皮的里面是一层厚厚的脂肪，这使它可以毫不费力地从水中浮起。当河马暴露在空气中时，其皮上的水分蒸发量要比其他哺乳动物多得多，这使它不能在水外待太长的时间。因为这个原因，河马必须待在水里或潮湿的栖息地，以防脱水。每当受惊的时候，都会避入水中。

河马的头特别大，头骨重几百千克。更引人注目的是，它有一个大嘴巴，是陆地上嘴巴最大的动物。它的上门牙很短，向下弯曲，一对下门牙向前伸出，像一把铲子，还有一对向上向外伸出的下犬齿。它的门牙吃草时磨损了多少，第二天就会重新长出来多少。

河马的血盆大口

一般的河马几乎不用担心尼罗鳄，双方基本上和平共处，有时候尼罗鳄会猎杀落单的小河马，而河马也有攻击尼罗鳄，还有杀死小型尼罗鳄的记录。

成年河马咬合力可达1吨多，是现存咬合力最大的陆地动物。河马性情暴躁而凶猛，领地意识很强，

知识链接 **河马的祖先**

　　自从河马被发现至今，它的归属就引起科学家的激烈争议。古希腊人认为它和马有最亲近的血缘，现代科学家则认为它的近亲是猪或野猪。直到 1985 年科学家首次对河马与鲸的血液蛋白进行对比，才发现河马与鲸的差别远不像看起来那么大，而DNA分析也证实了这一点。

　　河马与鲸的共同祖先应是半水栖的动物，喜好生活在水边，新近发现鲸类祖先、河马以及其他偶蹄动物祖先石炭兽类的化石，都显示出半水栖或水栖的特征。因此有科学家建议，鲸应该和偶蹄动物归为一目，合称为"鲸－偶蹄动物"。

极易主动攻击其他动物，是世界上最危险的生物之一。有人闯进它们的领地，它们就会用 40 厘米的獠牙攻击人，是非洲每年杀死人最多的动物，每年至少都有二十多人丧生在它们的血盆大口之中。它们甚至可以轻易地将一条成年鳄鱼咬成两截。它们是非洲河流中的绝对霸主。

52　狼獾从天而降威慑敌人

　　只小动物身长近一米，毛皮厚实，身后还拖着一条毛茸茸的大尾巴在树林中出现，圆溜溜的黑色眼睛警惕的四下张望。这种动物就是貂熊。

貂熊的学名叫狼獾。虽然说它看起来像一只棕熊，但它和熊没多大关系。狼獾身体两侧有一条浅棕色横带，从肩部开始至尾基汇合，状似月牙，所以狼獾又叫"月熊"。狼獾栖息在森林苔原和针叶林中，生性机警，行动隐蔽，奔跑时一纵一纵，带点跳跃式，而且速度很快。既会爬树又会游泳。有时还会在夜间悄悄地爬上树，以突袭的方式捕捉酣睡中的鸟类。所以又叫"飞熊"。

狼獾被认为是世界上最强壮的哺乳动物之一，但它的体形相对小巧，可是脖子直径比人类的头还大。狼獾腿的粗壮程度在同等体形的动物中是绝无仅有的，甚至有人说它的力量可与黑熊匹敌。狼獾长着半月形可缩回的爪，就像猫的爪子，但是要大很多。长约半寸的指甲锐利耐用，它们用爪挖掘、攀登、捕获并且杀戮它们的猎物。

此外，狼獾强有力的下颚和锋利的牙齿，可以轻易地咬碎骨头和咀嚼冰冻的肉。捕获猎物的时候很讲究战略。它从不采取正面进攻，而是预先埋伏在树枝间，等待时机。一旦窥见有猎物从树下经过，便会腾空而降紧紧抓住动物决不撒手，狠狠地咬住猎物的脖子，直到猎物断气。狼獾和其他鼬科动物一样，肛门附近有臭腺，能放出强烈而十分难闻的浓骚臭味，如果遇到强敌，便放散出来，驱敌逃跑。此外，它还有保护贮藏食物的方法，即在吃剩的兽肉周围撒上尿，防止其他食肉动物偷吃。

每到冬天，当驯鹿群从北极草原回到边缘丛林的时候，狼獾就会大开杀戒，跟在驯鹿后面穷追不舍。由于它们腿短，脚大，所以在厚厚的积雪上奔跑起来，要比腿长而蹄小的驯鹿容易得多。有时它们也靠腐尸充饥，遇到死驯鹿，或者狗熊和狼群的剩汤残羹，同样也可以饱餐一顿。

生性机警的狼獾

狼獾一昼夜能跑三四十千米。

狼獾也是一种相当聪明的动物，懂得储粮备荒，一旦捕到了驯鹿，便会很快将其肢解，一部分当场吃掉，其余的则分几个地方埋藏起来，以备找不到食物时扒出来享用。

除此之外，狼獾还常常偷盗人类的食物，破坏猎人安装的捕兽器，偷吃捕兽器套着的野兽。

狼獾相当狡猾，自己从不入套。狼獾食性很杂，鸟类、啮齿动物甚至松子、菌类、浆果都吃，主要食物是驯鹿、马鹿之类的大型食草动物，甚至敢攻击更大型的驼鹿，有时靠虎豹狼熊吃剩下的碎尸腐肉也能充饥，当然还捕捉狐狸一类的小型食肉兽为食。

性情凶猛的狼獾胆大狡猾，爪牙尖锐，在自然界中的天敌有东北虎、远东豹、棕熊、黑熊、美洲狮和狼等。狼獾有半冬眠的习惯，没有固定的巢穴，借住熊、狐等动物的窝，洞穴多有两个出口，便于遇险逃遁。狼獾力大无穷，能拖走比自己大数倍的动物尸体，而且它体力惊人，一昼夜能跑三四十公里。这种强悍而机警的食肉动物是鼬鼠科动物中体型最大的成员之一。厚厚的毛皮与不挑食的习惯使得它与熊和驯鹿一样很容易适应严寒的北极圈和亚极圈的荒野。生性凶残的狼獾拉丁学名的原意就是"贪吃"。

知识链接　**狼獾的绝技**

狼獾有一种独特的绝技，当它遇到猎物或强大的猛兽时，会在地上喷射一圈恶臭的尿液。这种分泌物很奇特，圈外被熏晕了的猛兽不会硬闯进来伤害它，而圈内的猎物也会晕头转向任它宰割。这种尿液具有麻痹神经的作用。

拥有强劲撕咬能力的袋獾

通常，人们讨厌一种动物，无非这两种原因：对人有害，样子可怕和习性诡秘。如果一种动物二者兼有，它也就难逃被捕杀的命运。而被人们称为"塔斯马尼亚恶魔"的袋獾无论哪方面看都是恶魔的化身：它贪婪，不仅吃羊，甚至连骨头都能嚼碎吃掉；它狰狞，不但长得龇牙咧嘴，目露凶光，一旦发怒还会发出咝咝的叫声，张开强有力的下颌，露出满嘴尖牙；它们凶悍好斗，几只袋獾关在一起，它们会喧嚣厮打，彻夜不眠，即使把它关到囚笼里，它也乱闹乱叫，带着一副凶相。

袋獾是全世界体型最大的肉食性有袋哺乳动物，同时也是澳大利亚塔斯马尼亚岛特有的生物种类。袋獾以它那独特的号叫声和暴躁的脾气著称于世，塔斯马尼亚最早的居民因为被夜晚远处传来的袋獾可怕的尖叫声吓坏了，因此称它们为"塔斯马尼亚的恶魔"。袋獾是现在存活的撕咬力量最大的哺乳动物。事实上，一只6千克重的袋獾能够杀死30千克重的袋熊。

袋獾属于异常凶猛的动物，甚至狮子和老虎的撕咬能力都比不过它。因为袋獾的下颌结构奇特，非常强悍，嘴巴可以张开到180度，即使这样也不会影响它咀嚼食物。在它们眼里，超过自己体重5倍的动物，也会很轻松地被它们咬死。虽然它们是如此的凶悍，但它们不会轻易发动攻击，一旦它们动怒，那肯定是因为

准备发起攻击的袋獾

它的生命或者食物受到了威胁。

袋獾可吃进一只小型的沙袋鼠，每天平均吃掉相当于其体重 15% 的食物，但情况允许的话它们也会在半小时内吃掉相当于其体重 40% 的食物。它们对食物并不挑剔，老鼠、蜥蜴、兔子之类的小动物都来者不拒。它们常吃腐肉多于捕猎活的动物。除了普通的肉和内脏，袋獾也会吃掉猎物的毛皮和骨头。进食的时候十分投入，即使看到前来抢食的同类，也不肯停止咀嚼，只是从牙缝里挤出一阵阵号叫，以示抗议。

大多数时候，袋獾都是胆小又温和的，甚至还有些洁癖。每天早晨觅食结束，它们一定会扎进水里好好洗一个澡，还会像猫一样用舔湿的前爪仔细地洗脸、梳理毛发。袋獾在梳洗时，如果碰巧有一只小鸟掠过，就可能把它们吓坏。然而在发情期或在被激怒后，袋獾隐藏的野性会充分暴露出来，转瞬之间它们就变成了世界上最凶猛的动物。

知识链接

袋獾面部肿瘤：一种会"传染"的肿瘤

袋獾种群数量逐渐递减，不是因为环境变化，或人为的捕猎，而是因为生了一种会传染的怪病：面部长瘤。这种肿瘤细胞不是动物自己得的，而是从种群中别的个体传播来的。大概是二十三年前一个雌性袋獾患了这种肿瘤，从此通过这种独特的个体间撕咬"种植"传播，给整个袋獾家族带来灭顶之灾。

袋獾性格凶暴，好互相撕咬，这种习性是这种肿瘤得以传播的主要原因。

54 靠不断收缩勒死猎物的蟒蛇

蟒蛇在捕捉猎物时，拥有一种独特的"秘密武器"，它们会长时间的缩紧肌肉，以此来紧紧地勒住猎物，最终让猎物窒息而死。如果猎物是较小的哺乳类动物，蛇会攻击它并且把它拖进自己盘成的圈内。如果体型较大，它会爬到猎物身上并且缠绕猎物。一般靠收缩捕食猎物的蟒蛇通常都是无毒的，其中包括水蟒、王蛇和地毯蛇。

蟒蛇在勒死猎物的过程中，拥有一种特殊的能力，它们能够准确地测量出会用多少时间，能让被它们紧紧勒住的猎物窒息而死，并且它们还能够感受到猎物的心跳。直到发现猎物停止心跳后，它们才会"手下留情"，也就是说，蟒蛇会真实的"感受"到猎物的心跳。

通常蟒蛇都会长到 4 米长，寿命在 30 年左右。虽然它们并不会排出毒液，但是会使用它们小且带钩的锋利牙齿来咬紧猎物，同时用全身的肌肉紧紧的缠住猎物。蟒蛇的这种缠绕力量特别巨大，收缩展示了它们惊人的强壮，可以达到数吨的压力大小，足以把猎物扼住，窒息而亡。这种能力使蟒蛇能杀死比它们大得多的动物。

蟒蛇捕捉的猎物种类很广，其中包括老鼠、猴子，甚至野猪。大多数蟒蛇都有一个特殊、灵活的下颌，能够使得它们一口吞咽整个猎物。正是蟒蛇拥有的这种超能力，使得它们能准确地拿捏好被捕猎物丧失反抗能力的精确时间。

美国大沼泽地国家公园的大蟒蛇

知识链接 蟒蛇的地位

蟒在中国文化中具有崇高地位。古代皇帝穿的是龙袍，其亲兄弟及其他诸王穿的是蟒袍。在古人心目中，蟒仅比龙低一个等级。在古代，蟒袍加身，是大夫们的最高理想，即意味着位极人臣，荣华富贵。

在印度乡村有饲养蟒蛇的习俗，从小到大的蟒性情温顺，能听懂主人的笛声。家里有蟒，其他毒蛇便不敢靠近，一般野兽也不会光临，经过训练，蟒还会帮主人照看婴儿。

在现代有些家庭，还将蟒蛇当宠物饲养。

对于蟒蛇来说，这种捕食技巧相当重要。在真正用这种技巧时，必须要掌握好身体所存能量和收缩肌肉时间之间的平衡，因为蟒蛇在让猎物窒息时所紧紧收缩的肌肉需要消耗能量，这样蟒蛇事先就需要足够的食物来积存能量。

蟒蛇捕到猎物，无论其体型大小，都是不经咀嚼就把猎物吞下。蟒蛇的这种吞食方式主要来源于它们下颌的特殊结构。它们的下颌骨由彼此独立的两大部分组成，这两部分可以交替运动，为了更好的进食，蟒蛇在竖起前身的同时，将嘴张大，咬住猎物，然后再闭合上下颌，依次让上下颌交替地运动。如果这时有生物来进攻它，它便立即将已吞进肚的食物吐出后逃之夭夭。

55 连鲨鱼都不敢惹的蝠鲼

海洋馆的"海底隧道"里经常能看到一种体形庞大、模样奇怪的动物。它身体扁平，就像一块大煎饼，拖着一条又长又尖的尾巴，缓缓挥舞着"翅膀"遨游在海水中。这就是有"水下魔鬼"之称的蝠鲼。

蝠鲼至今已经在海洋中生活了一亿多年了，最早可追溯到侏罗纪时期。它的体型很像是在海洋中飘荡的毯子，所以它的英文名为"manta"，来源于西班牙语，毯子的意思。在中国，渔民们认为它优雅地游弋在水中，就像是夜空中的蝙蝠，因此给它起名为"蝠鲼"。

蝠鲼是一种生活在热带和亚热带海域的底层的软骨鱼类。它缓慢地扇动着大翼在海中悠闲游动，并用前鳍和肉角把浮游生物和其他微小的生物拨进它宽大的嘴里。蝠鲼平时安静而沉稳，喜欢独自在大海中畅游，过着四海为家的流浪生活。而且它们没有任何领地行为和攻击性，从不攻击其他海洋动物，两只蝠鲼相遇时也会若无其事，在遇到潜水者时，常会羞涩地离开。

蝠鲼游泳时，扇动着三角形胸鳍，拖着一条硬而细长的尾巴，像在水中飞翔一样。蝠鲼成鱼的体长可达 7 米，体重有 3000 千克，可是它能作出一种旋转状的跳跃。随着旋转速度越来越快，蝠鲼迅速上升，跳出海面。蝠鲼一般能跳出水面 1.5 米。蝠鲼有时用双鳍拍击水面，跃起在空中翻筋斗。蝠鲼头上长着两只肉

巨大的蝠鲼使潜水员相形见绌。

足，是它的头鳍，头鳍翻着向前突出，可以自由转动，蝠鲼就是用这对头鳍来驱赶食物，并把食物拨入口内吞食。由于它的肌力大，所以连最凶猛的鲨鱼也不敢袭击它。

蝠鲼是鳐鱼中最大的种类。虽然它没有攻击性，但是在受到惊扰的时候，它的力量足以摧毁一艘小船。一旦它发起怒来，只需用它那强有力的"双翅"一拍，就会拍断人的骨头，置人于死地。蝠鲼性情活泼，常常搞些恶作剧。有时它故意潜游到在海中航行的小船底部，用体翼敲打着船底，发出"呼呼，啪啪"的响声，让船上的人惊恐不安；有时它又跑到停泊在海中的小船旁，把肉角挂在小船的锚链上，把小铁锚拔起来，让人不知所措；又或是它又用头鳍把自己挂在小船的锚链上，拖着小船飞快地在海上跑来跑去，使渔民误以为这是"魔鬼"在作怪，这实际上是蝠鲼的恶作剧。

蝠鲼最具特色的一个习性就是它那"凌空出世"般的飞跃绝技！经科学家观察发现，蝠鲼在跃出海面前需要做一系列准备工作：在海中以旋转式的游姿上升，接近海面的同时，转速和游速不断加快，直至跃出水面，

知识链接　蝠鲼飞跃之谜

蝠鲼为什么要跃出海面呢？科学家对此行为产生过种种猜测，直至现在仍众说纷纭。有人说这是雌雄蝠鲼在繁殖季节里演绎的游戏，还有人认为这是一种驱赶、诱捕食物的方式，多数人则相信这是一种甩掉身上寄生虫和死皮的自我清洁方式。关于蝠鲼的众多谜团还有待今后的观察和研究。

时而还会伴以漂亮的空翻。最高时，它能跳 1.5～2 米高，落水时发出"砰"的一声巨响，场面优美壮观。

56 苍鹰进攻快准狠

苍鹰作为森林中肉食性猛禽，视觉敏锐，善于飞翔。通常单独活动，叫声尖锐洪亮。在空中翱翔时两边的翅膀水平伸直，或稍稍向上抬起，偶尔伴随着两翅的扇动。除了迁徙的时候，很少在空中翱翔，大多数时间都隐蔽在森林中和树枝间窥视猎物。

苍鹰飞行的速度很快而且很灵活，它能利用又短又圆的翅膀和长长的尾羽来调节速度和改变方向，时而向上或向下，或高或低穿行于树丛间。有时也在开阔的地面上飞行或沿直线滑翔，随时观察地面动物活动，一旦发现森林中的鼠类、野兔、雉类、榛鸡、鸠鸽类和其他中小形鸟类的猎物，便会迅速俯冲下来，呈直线追击，挥动利爪擒住猎物。

苍鹰的体重虽然比等中型猛禽要轻很多，但是飞行的速度要快 3 倍以上，伸出爪子打击猎物时的速度为每秒钟 22.5 米。捕食的特点是快、猛、准、狠，具有较大的杀

苍鹰

知识链接 老鹰抓小鸡

鸢是鹰的一种，鸢是老鹰在分类学上的称谓。它们全身羽毛呈暗褐色，在飞翔时，翅上左右各显露出一块白斑，尾是中间凹的叉形，跟其他鹰中间凸的圆形尾截然不同。

"老鹰抓小鸡"是小朋友们常玩的一种游戏。那么，鸢是不是嗜鸡成性呢？实际上，鸢的食性很杂，它们常在田野间捕食兔、鼠等小哺乳动物，也吃小鸟、蛇、蛙、鱼、蝗虫、蚂蚁和蚯蚓，有时它们甚至吃一些五谷杂粮。在海边，鸢时常以垃圾、腐鱼、小动物尸体为食。相对来说，小鸡在鸢的食谱中只占很小一部分。

知识链接 驯化苍鹰

我们的祖先很早发现鹰善于捕捉野鸡、野兔和野鸭等动物，于是他们开始探索驯鹰狩猎的方法。

司马迁在《史记》中曾记载秦朝宰相李斯被处死前仍想着"牵黄犬，臂苍鹰，出上蔡东门"的生活。宋代大诗人苏东坡在《密州出猎》一词中描绘他率人出猎时的情景曾写道："老夫聊发少年狂，左牵黄，右擎苍……""右擎苍"意思是说右臂上站着苍鹰。当然，这里所说的苍鹰是被人驯化专门用来打猎的猎鹰。

伤力。凡是碰到猎物，都要猛扑上去，先用一只利爪刺穿猎物的胸膛，再用另一只利爪将其腹部剖开，先吃掉鲜嫩的内脏，再将鲜血淋漓的尸体带回栖息的树上撕裂后啄食。

苍鹰通常可以活到70岁，是自然界中最长寿的鸟。然而，在活到40岁的时候，鹰的爪子开始老化，以致无法有效地抓住猎物。同时，它们的喙变得又长又弯，几乎碰到胸膛，难以进食。它们的羽毛也变得又长又厚，翅膀也异常沉重，以至于飞翔十分吃力。

这时候，苍鹰只有两种选择：要么等死，要么经过一个十分痛苦的过程重获新生，通常情况下，苍鹰都选择后者，并从此走上了艰难异常的蜕变之路。首先，它们必须竭尽全力飞到山顶的悬崖上筑巢，并待在那里150天不得飞翔。在这个过程中，苍鹰要用自己的喙不停地击打岩石，直到喙完全脱落，等到新的喙生长出来，然后再用新的喙把指甲一根一根地拔去。当新的指甲长出来后，它们再把羽毛一根一根地拔掉。5个月之后，新的羽毛生长出来了，苍鹰才重新飞上蓝天。苍鹰由此获得新的生命力，可以再活30年。

57 专攻对手头部的白鼬

白鼬皮毛柔软，漂亮光滑，看上去就像一只备受宠爱的小动物。但是你千万不要被它的外表所欺骗了，其实它是一种异常凶猛的食肉动物。

白鼬体型小巧轻盈，每次出击都能轻易取得胜利，

苏格兰啤酒公司推出用白鼬标本包裹的啤酒。

知识链接

白鼬和伶鼬的区别

白鼬和伶鼬很像，除了体形大一点之外，主要的特征是尾巴尖是黑色的，白鼬无论是夏天还是冬天，毛色变白了之后尾巴尖都是黑色的，而伶鼬无论什么毛色的尾巴尖都不是黑色的。

它向猎物的脑后迅速而精准地一咬就能置猎物于死地，如同杀死老鼠一样轻而易举。一旦有机会，白鼬还会攻击更大的动物。对于白鼬来说，最主要的是要寻找合适的猎物，追赶时不要太费力。有时小田鼠还有可能逃回洞口，而水老鼠和仓鼠则无法同样幸免，白鼬会紧跟猎物，直至杀死它并吃掉，然后找个安逸的地方睡大觉。

动物中的捕猎高手都有自己的一套捕猎战术：穷追猛扑、埋伏守候，悄悄靠近猎物，最后一跃而起扑死猎物。而白鼬的捕猎方法却大不相同：它以特有的奔跑方式，风驰电掣的速度在周边彻底搜寻猎物。跳跃的时候，它猛蹬后肢，前爪着地时，后肢收回，再次跳跃。几次跳跃后它稍做停顿，纵身站起，仔细环顾四周，竖耳聆听，再嗅一嗅，接着再进行一系列的跳跃，而此时方向往往完全相反。

白鼬有很强的捕猎能力，一旦发现猎物，就会伸长脖子，全身贴近地面匍匐向前移动。捕猎时把目标锁定在猎物的头部，它首先一跃而起抓住猎物的头部，然后用又长又尖的上犬齿穿过猎物头顶后部，下犬齿则从耳后刺入脑部，猎物脑袋被刺穿了，也就一命呜呼。白鼬却不着急进食，而是把猎物移到僻静的地方，开始慢慢享用。

58 紧追移动物体的虎鲨

虎鲨不仅有一个让人望而生畏的名字，它们凶残的本性和惊人的捕食能力让这个称呼名副其实。虎鲨以其独特的虎斑状花纹得名，它是目前所知的在其所在科属中体型最大的成员。

虎鲨通常活动在热带的浅海区域，不过在泥泞的河口和温带海域它们也可以活得一样逍遥自在，在那里它们会把任何能吃和不能吃的东西都吃得津津有味。可谓是来者不惧。比如一只虎鲨在海中穿行，忽然一个不明物体砸了下来，虎鲨不管三七二十一，紧追不舍。其实那是一艘船上拖着的轮胎掉入水中，可虎鲨仍旧会不舍不弃，紧紧跟着船，死死盯住轮胎，不得手誓不罢休。直到一口咬住轮胎扯断绳索。不就是轮胎吗？难道虎鲨不知道吗？其实，无论是塑料瓶子、汽车牌照、还是酒瓶子和空铁罐，它都照吃不误。只要看到移动的物体它都会紧追不舍。它们让人触目惊心的锯状牙齿常常用来从较大的猎物身上撕下大块的肉，包括鲸鱼的残骸和其他的海洋哺乳动物，同时，它们也有人所共知的消化能力，诸如可以消化海龟这样的带有坚硬外壳的生物。

南非自由女潜水者与致命虎鲨同游。

126

虎鲨体粗大而短，牙齿几乎无坚不摧。虎鲨的牙齿永远不会掉光。因为，它们的牙床上总能长出新牙。一旦前面的牙齿老化或者受伤掉了。后面的牙齿就会自动补齐先前的位置。

虎鲨是鲨鱼家族中仅次于噬人鲨的凶猛残忍的食肉动物。一岁的虎鲨就已有38厘米长了。成年虎鲨最长可以长到9米左右，饥饿的虎鲨胃口很大，只要发现移动的物体，它就会紧追不舍，伺机发动攻击。

知识链接　虎鲨破案

20世纪30年代，虎鲨还帮助澳大利亚人破获过一宗疑案，一位有名的拳击师被人谋杀，凶手将他的胳膊砍断后扔入海中，恰好被一头虎鲨所吞食，不久这条虎鲨被人抓住送到水族馆，8天之后也就是拳击师失踪半个月后，这头虎鲨突然将胳膊吐了出来，经鉴定这条胳膊是用刀子砍断的，后来警察顺藤摸瓜到了凶手。

知识链接　鲨鱼的牙齿

鲨鱼牙齿的形状很奇特。例如噬人鲨的牙齿边缘具有细锯齿，呈三角形；大青鲨的牙齿则大而尖利；而鲸鲨虽躯体庞大，但它的牙齿却是短细如针；锥齿鲨的牙齿是呈锥状且长而尖；长尾鲨的牙齿则是扁平的呈角状；姥鲨的牙齿既细小而又多似米粒，虎鲨的牙齿宽大呈臼状。

虎鲨是一种卵胎生动物，据说一条雌虎鲨一次可以怀 400～500 个胎儿，当鱼卵孵化成仔鱼后，就开始互相残食，一直拼杀到最后仅剩一条为止。过去曾经发生过这样一件事，一位生物学家在解剖一条怀孕的虎鲨时，竟被尚未出世的小不点儿虎鲨仔咬了一口。虎鲨的食物十分杂乱，除了捕食贝类、甲壳类和鱼类之外，有时人们抛入大海的垃圾甚至船上的木板也能吞食，它那锋利的牙齿能咬断、磨碎十分坚硬的物体，人如果被它咬一口就会危及生命。

59 世界进攻速度排名第一的白蚁

说到白蚁，人们都会自然而然地想到蚂蚁，白蚁不论外貌特征与生活习性都和蚂蚁极为相似，但是从分类学上来讲，白蚁并不属于蚂蚁一族，蚂蚁是膜翅目，白蚁是等翅目，两者截然不同。它们与蟑螂的血缘关系更近一些。白蚁成功地在地球上生存了至少 1.5 亿年以上，它们拥有各种食物类型：从地衣到湿木到土壤碎屑，几乎占领所有可能的陆生生态：从地下到树栖。

白蚁小小的身体很柔软，体型又长又圆，体色呈现白色、淡黄色、赤褐色直至黑褐色。头前口式或下口式，能自由活动。触角念珠状。主要分布在热带和亚热带地区，以木材或纤维素为食，是一种多形态、群居性而又有严格分工的昆虫，群体组织一旦遭到破坏，就很难继续生存。

白蚁在进攻过程中，其上下颌的运动速度竟高达 70 米／秒，是世界上进攻速度最快的昆虫。当蚁巢受到攻击时，白蚁会在很短的时间内发动反攻，有时甚至是还没来得及反应过来就已经完成了进攻。由于蚁巢的通道狭窄，进攻过程中，白蚁双颌的运动距离非常短，运动频率极高，攻击力也是较强的。白蚁的进攻速度很快，进攻效率也很高，只要对入侵蚁巢的敌人进行一次猛烈攻击，就足以消灭入侵者。

白蚁拥有静止不动的蚁巢，种群具有较高的种群密度，大多数个体没有防御能力，所以相对容易捕食。白蚁依靠复杂的巢体结构、行为防御策略、机械防御策略和化学防御策略进行有效地防御。兵蚁利用特化的上颚进行格斗、在树上营巢、加厚蚁垄垄壁、重兵警戒各巢室的进出口、在地下营巢、将通往食源的蚁路进行密封等。白蚁往往综合运用以上策略，不同白蚁所用策略有所不同。如木白蚁科白

危及堤防安全，尤以白蚁最为严重。

白蚁的食物

知识链接

白蚁食性很广，其营养物质来源于植物，以植物性纤维素及其制品为主食，兼食真菌和木质素，偶尔也食淀粉、糖类和蛋白质等等。然而，白蚁会蛀食人造纤维、塑料、电线电缆甚至砖头、石块、金属等，它们是以口吐乙酸之类的化学物质来腐蚀、溶化这些物件的。

除此之外，也能吞食同一蚁巢内的白蚁尸体、幼蚁发育中蜕下的旧皮，在外界食料缺乏的情况下，也会吞食蚁卵甚至幼蚁。

知识链接 蚂蚁和白蚁的战争

蚂蚁和白蚁都是高度组织化的社会性昆虫。蚂蚁生性好战，极富侵略性；而白蚁正相反，它们闭关锁国，一心只在自己的帝国内辛勤劳动，发展经济，建设家园，从不去侵略别人。好战的蚂蚁不仅经常互相征战与掠夺，而且也常对白蚁下手。蚂蚁从外部进攻，白蚁从内部防卫。长久以来这两个昆虫帝国的战争一直没有间断过。

蚁兵蚁主要起警戒和防卫蚁路入口的作用，而鼻白蚁科乳白蚁属兵蚁主要保护工蚁的觅食活动。在出巢觅食的白蚁中，兵蚁必须参与觅食活动。

白蚁是一种非常善于破坏的动物。白蚁的食物，除植物种子、树叶与真菌外，多数是木材，它会吃掉木地板和家具。白蚁为了建造巢穴，它们会分泌出蚁酸来腐蚀它能利用的一切材料，包括木材、砖头、水泥、甚至是金属。这样就会直接伤害到建筑的结构安全，严重的还会造成房倒屋塌的后果。如果不幸和白蚁成为邻居，损失是巨大的。因此，不管在哪里发现了白蚁，都会引起周围人们的恐慌。

50 游隼空中进攻如同高速飞机

在世界上很多国家，游隼是常用的猎鹰。中世纪时，在英国，只有伯爵以上的贵族才有拥有游隼的权力，一般平民百姓只能驯其他的鹰。严格地说，游隼不是鹰而是隼。隼的体型一般比鹰小，隼跟鹰的重要区别在

嘴上，隼上颌边缘有一个锐利的齿突，而鹰没有。游隼的翅膀尖长，善于疾飞，有"鸟中歼击机"的美称。游隼在俯冲时将翅膀完全收起，整个身体好似一枚炮弹，这让它的极端速度达到了每小时400千米。

游隼在猛禽中比较凶残。它们绝大多数都在空中猎捕，独特的捕食方式，常常令人叹为观止。当它发现目标后，不声不响立即加快速度，追上正在飞行的猎物，用脚掌用力抽打，如果一次打不中，或即使打中，但猎物尚未失去飞翔能力，那么它会故伎重演，卷土重来，快速上升到猎物上方，突然俯冲下去重新抽打，直到猎物受伤失去飞翔能力下坠时，游隼快速冲去，用利爪抓住猎物，带到较隐蔽的地方，用双脚按住，用嘴剥除羽毛后再撕裂成小块吞食。有时也在地上捕食，猎捕比它个体还大的野鸭。

曾有人报道说，意大利罗马上空惊现大群椋鸟为躲避天敌的猎捕高速变换阵形的壮观画面，被附近的人们用摄像机拍摄了下来。上百万只集结的椋鸟时而急转，时而加速飞行。它们煽动着黑色的翅膀，仿佛黑色旋风，从罗马上空横扫而过。其实，大量椋鸟集结成群是为了更好地躲避天敌——游隼。游隼不断对椋鸟群边缘发动突然袭击，试图冲散鸟群。椋鸟群则不断转动，改变队形，组成千变形状，并利用分开并将捕猎者包围的方式进行防御。尽管猎物数量多达百万，游隼想要在其中捕到猎物也不是件易事。

最后，游隼先败下阵来，放弃捕猎。椋鸟群也放松下来，渐飞渐远。

游隼体格强健，飞行速度很快。向下俯冲的一刹那，它的时速可达360千米，成为鸟类中短距离飞行的健将。它们在很高的空中飞行，看到水中的鱼会像闪电般地俯冲下来，以锋利的双爪捕杀动物。这些

游隼

游隼经常袭击一些低空飞鸟，所以每当它们出现时，这些鸟都会逃之夭夭。于是，人类就利用游隼的这项天赋，在机场附近饲养游隼，用它的威慑力赶跑飞鸟。因为飞鸟一旦与高速航行的飞机相撞，会像子弹一样击穿机身，使飞机坠落，给人类的生命财产带来极大的损失。这样，游隼就由一种猛禽变成了航空卫士。

猎物主要是鸭子和海岸鸟类。它们的个子大、力量强，当它们在半空中以极高的速度袭击飞行中的小鸟时，往往是将猎物撞击到地上，然后再飞回来捡拾猎物。它们也常盘旋空中，一旦猎物被惊起奔逃或起飞，便像箭一样俯冲过去，用爪向猎物猛击，有时这一击竟会打掉乌鸦的头或是在苍鹭背上打出一个鸡蛋大的洞。

游隼的窝非常大，是世界上最大的鸟窝。由于其捕食能力非常强大，一些大型食肉猛禽通常会主动为其筑造窝，游隼会根据其他鸟类筑造的鸟窝大小以及位置来选择自己的巢。

第七章

动物世界霸气"孙子兵法"

61 豹子偷袭本领出众

豹子是一种大型肉食动物。身体强健，行动敏捷，能跳善爬，性情凶猛狡猾甚至能猎食鹿等大型动物，偷袭食草动物。豹子的爬树本领非常高，无论多高的树它都能爬上去，并常到树上捕食猿、猴和鸟儿，或者潜伏于树杈上一动不动，两眼盯着下面，一旦下面有鹿、野猪或野兔等走过时，便马上跳到它们的背上咬杀对方，杀它个措手不及。

豹子捕猎有两种方式。有时它们会伏在树上等待猎物。这种方式的好处是，猎物很少注意到来自上方的危险；居高临下，豹子的气味随风飘散，不容易被对方发现。但也有不利之处，豹子能否成功，取决于猎物是否站在树下或从树下通过。其次是树上有不少吵闹的灰猴，它们发出的尖叫声破坏了豹子的捕猎计划。斑点鹿会对猴子的报警迅速作出反应，并以它们独特的方式向邻近的动物报警。

第二种方式是偷袭。碰到猎物数目较多的情况下，豹子就以偷袭的方式进行捕食。豹子的偷袭本领非常出色。每当看到猎物以后，豹子就慢慢地一步一步向前靠近，几乎一点声响也没有，因为金钱豹的爪子上有柔软的肉垫和尖利的爪甲。在到达有利的地形之后，再猛扑上去。然后找一块安静的、不受干扰的地方把猎物隐藏起来，从容地享用自己的战利品。

等待猎物的豹子

 **豹子的价值**

豹子的皮毛可以制作大衣和运动衣，其价钱极其昂贵，人们把穿上豹皮做的衣服看作是一种华贵的象征。因此一些贪图钱财的人们就千方百计捕杀它，以换取大量钱财。

人们捕杀豹的另一个很重要的原因是用来制药，大家都知道，虎骨酒能治许多病，并且使人延年益寿，深受国内外人们的偏爱。但是虎骨的收购越来越难，于是人们想到了用豹的骨代替虎骨来泡制"豹骨酒"，以代替"虎骨酒"。

豹子袭击羊群的时候又快又狠，偷袭是它们的拿手绝招。有人曾目睹豹子袭击羊的全过程。一只豹子在草原上，看到距离自己10米远的地方有一只羊，它突然跃起，猛地扑向那只羊的咽喉，死死咬住不放，直到被扑的羊窒息而死，然后，豹子迅速地咬破羊的血管，贪婪地饮尽那只羊的血。整个攻击过程迅速而果断，前后不超过5秒钟。

豹子很会调整自己，一躺下就是很长的时间，这并不是说豹子只在饥饿时才出来捕猎。即使它们刚刚饱餐一顿，随意猎杀一番也是常有的事。但是更多时候，在它不饥不渴的情况下，豹子总是用一种只有猫科动物才具有的悠闲方式来消磨时光。像所有的食肉动物一样，豹子从不轻易消耗体力。

62 主动变换战术的北极熊

北极熊是冰雪世界的"王者"，生活在北冰洋，是水陆两栖动物，在熊科动物家族中属于食肉动物，它们主要捕食海豹、海狮、海象、白鲸、鱼类，体重在 500 千克左右。北极熊的寿命有 25～30 年，而 4～5 岁它们就算是成年了。

北极熊嗅觉敏锐，奔跑速度快，时速可达 60 千米，但不能持久。北极熊前掌力量特别巨大，前掌猛拍猎物是它们的拿手绝招。一到春天和初夏，成群结队的海豹便躺在冰上晒太阳，北极熊则会仔细地观察猎物，然后巧妙地利用地理形势，一步一步地向海豹靠近，当走到一定的捕捉范围，就会犹如离弦之箭，猛冲过去，尽管海豹时刻小心谨慎，但等到发现为时已晚，巨大的熊掌以迅雷不及掩耳之势拍了下来，顿时脑浆涂地。

冬天，北极熊又会以惊人的耐力连续几小时在冰盖的呼吸孔旁等候海豹，全神贯注，一动不动，犹如雪堆一般，并会用熊掌将鼻子遮住，以免自己的气味和呼吸声将海豹吓跑。一旦海豹憋不住上来透气，"恭候"多时的北极熊便会以极快的速度，朝着海豹的头部猛击一掌，可怜的海豹还没弄清发生了什么事，便脑浆四溅，一命呜呼。这时北极熊立即将海豹狠狠地咬住，然后用力将其从水中拖出，由于冰孔太小，往往把海豹的肋骨和骨盆挤碎，北极熊力气之大，由此也可见一斑。吃饱喝足后，北极熊会细心清理毛发，把食物的残渣

北极熊是冰雪世界的"王者"。

知识链接

冬眠的北极熊

北极有六个月是极寒冷的冬天，风夹杂着暴风雪，时常会进入十几天的极夜，这个时候的北极熊冬眠只是大睡，并不是常睡不醒。

北极熊是个贪睡的家伙，冬眠时却不是抱头大睡，而是睁一只眼，闭一只眼，保持着高度警惕，只要稍有风吹草动，它们立刻觉醒，随时准备出击。北极熊身披一身耐寒的冬装，毛色就像银光闪闪的冰雪一样。它的皮下有一层5～7厘米厚的脂肪，即使在零下70℃的严冬季节也能生存。

血迹都清除干净。

北极熊个个都是捕猎高手，它的胃可容纳50～70千克的食物，每顿吃上40千克才能算是刚刚饱。这让它们一生中不得不为了填饱肚子而不停奔波。对付那些躺在浮冰上的海豹，北极熊也有一套方法。它会发挥自己游泳的专长，悄无声息地从水中秘密接近海豹，特别有意思的是，有时它还会推动一块浮冰作掩护。捕到海豹后，便会美餐一顿，然后扬长而去。

有时候辛苦捕到的猎物会引来同类的窥伺，一般来说，如果不幸面对那些体型庞大的家伙，个头小些的北极熊会更倾向于溜之大吉。不过，一个正在哺育幼子的母亲为了保护幼子，或是捍卫一家来之不易的口粮，有时也会和前来冒犯的大公熊拼命。

当食物比较充足，猎物比较多的情况下，北极熊便会挑肥拣瘦，专吃海豹的脂肪，其余的部分都慷慨地留给它的追随者——北极狐、白鸥等。当找不到猎物时，它也会吃搁浅的鲸的腐肉、海草、谷燕、干果甚至居民点的垃圾。

靠灵活智取毒蛇的獴

獴是蛇的天敌，这种动物身体细长，头小，嘴巴尖，四肢短小，有点像黄鼠狼。它们不仅有与蛇搏斗的本领，而且自身也具有对毒液的抵抗力。作为蛇类动物最大的天敌，獴一旦发现蛇的行迹，肯定会选择攻击，而且无论多么毒的蛇类都难逃一劫。

红颊獴善于捕食蛇类，尤其喜欢吃毒蛇，与毒蛇搏斗的经验十分丰富，场面令人惊心动魄。遇到毒蛇的时候，它一般并不采取鲁莽地猛扑过去的办法，因为红颊獴的体形较小，力量也比眼镜蛇等毒蛇差，如果猛冲猛撞，就有可能被凶狠的毒蛇一口咬伤。所以，它和毒蛇搏斗时主要是"智取"，以巧取胜。

獴是蛇的天敌。

面对凶相毕露的毒蛇，红颊獴首先是将全身的毛都竖立起来，并发出"叽叽"的威吓声，围着它机敏地蹦来跳去，挑衅地向毒蛇示威，使毒蛇被搞得眼花缭乱，搞不准向对手进攻的方向。渐渐地，被激怒了的毒蛇便不断地反身猛扑过来，而红颊獴都依靠身体轻盈敏捷的躲闪而避开了，使毒蛇一次又一次地扑空。经过几个回合以后，毒蛇终于被折腾得筋疲力尽，红颊獴则看准了机会，敏捷地一跃，闪电一样扑过去，死死地咬住了毒蛇的头

　　一群獴中，当有一些在互相修整外表或是进食时，每一个家庭都会轮流派一到两只獴担任"哨兵"，警戒整个家族的安全。由于它们的腿很短，四肢着地时身子很矮，哨兵们总是将身子直立起来，只用后腿支撑着身体，这样就可以看得远一些，尽职尽责地守卫着家庭的安全，一有敌情就立即发出警报。

　　獴在瞭望时，后腿直立，靠尾巴来保持平衡。一只咆哮着的獴会伸直腿、拱起背向地面上的敌人逼近。有时候，一群獴会一起前进。这样在入侵者看来，就等于是一只较大的动物在向它逼近。

部或颈部，并且继续不停地躲闪毒蛇身体的缠绕，即使有时被蛇缠住，也能滑脱出来，一直到毒蛇被左右摔打得奄奄一息。据说，一只半米长的獴可以制服一条体长几乎是它两倍的眼镜蛇。

　　獴喜欢栖息于山林、壕沟及溪水旁边，大多利用现成的树洞、岩石的缝隙作为自己的窝，属于穴居动物。獴一天有两次出洞觅食活动，分别为早晨和晚上。它们出洞觅食时，一般是雌雄相伴，这与它们互相救助的习性有关。雌性獴带着自己的幼崽出洞活动时，常发出咕咕的叫声在前面座位引导，以免幼崽走散或丢失。獴的食性比较复杂，但基本以各种小型动物为主。獴几乎什么都吃，包括昆虫、植物根茎、蜥蜴、老

鼠和小鸟，因为獴似乎对毒液有免疫力，所以它们也会攻击毒蛇。

獴在田间或潮湿的草地上活动，以寻找昆虫之类的小动物。它拖着蓬松的长尾，用鼻吻在地面各处探索。当灵敏的嗅觉发现地下有蚯蚓或昆虫幼虫等食物时，立即用鼻吻和前爪挖掘，连掘带扒，吻和爪协同动作，十分迅速，一会儿便可挖出食物。

64 秘书鸟遇蛇变身"拳击手"

有这样一种鸟，它的嘴像鹰，腿像鹭，有1米左右的身高，白色羽毛居多，有60厘米长的两根尾羽在中间，俨然两条白色的飘带。头上的几根黑灰色冠羽，就像是中世纪时的书记员在帽子上插着羽毛笔一样，所以人们把它们叫作秘书鸟，其学名为蛇鹫。

蛇鹫是非洲特有的鸟类，栖息地遍布非洲。蛇鹫总是成对或者小群地在草原上游荡，以地面小动物为食，它快速有力的啄击能使很多小动物当场命丧黄泉。因此人们说，蛇鹫是长翅膀的沙漠王者。如同狮子和猎豹一样，蛇鹫构成了非洲草原上独具特色的一道风景。

秘书鸟飞起来很美，鹰的矫健、鹤的美丽兼而有之。秘书鸟的腿像鹤一样修长挺拔，上半部长着黑色的短绒毛，看起来好像穿着一条黑色紧身裤。它进食或者饮水的时候，必须弯曲双腿、蹲在地上才可以进行——鹤虽然腿长，但是它的颈项也长，

蛇鹫

所以它喝水不用弯曲双腿。秘书鸟因为腿长步伐大而稳重，每走一步向前点一下头。用嘴喙啄或用脚踩踏猎物，双腿强健适宜在地面行走奔跑，体型瘦削但是强健，适宜在开阔的地面捕食。

头上插着羽毛笔的秘书鸟并不是"一介舞文弄墨的书生"，蛇鹫的称号也不是空穴来风，与一种有"蛇雕"之称的猛禽一样，它也是捕蛇的能手。秘书鸟不但捕食无毒蛇，即使剧毒的眼镜蛇和蝰蛇也不放过，

知识链接　非洲的象征

秘书鸟是非洲的象征，也是非洲的骄傲。地处非洲大陆南部的黄金之国南非将秘书鸟的形象搬上了国徽——南非共和国的国徽由太阳、蛇鹫、山龙眼、长矛和圆头棒、盾牌、麦穗、象牙、人形等图案组成。从1993年开始联合国发行濒危物种系列邮票，第七套中就有蛇鹫的优雅风姿，值得一提的是，这套四联的邮票还是华人设计师Jimmy Wang设计的。

有时它们还以蛇为玩具嬉戏，甚至小秘书鸟也精于捕蛇之术。许多猛禽都会捕蛇，包括蛇雕、笑隼和短趾雕，但秘书鸟捕蛇不像其他很多猛禽那样以蛮力取胜，而是靠智取。

秘书鸟发现蛇后，并不像其他猛禽那样马上俯冲下来开始战斗，而是运用自己灵活的步法和蛇进行周旋。秘书鸟站在地上，居高临下，观察蛇的一举一动，凭借自己对蛇的行动的敏锐判断，不紧不慢地在蛇的附近徘徊、跳跃、寻衅，像一个武林高手用"凌波微步"迷惑对手。它的双翅虽然不能像蛇雕那样做霹雳掌使用，却在剧烈的活动中不断开合拍打、起着不可或缺的平衡的作用。

经过如此"外围作战"，蛇鹫就占了很大的身体优势——它长长的腿使得蛇很难缠住它的身体，鸟爪和腿表面有很厚的角质鳞片，这种鳞片如同一层厚厚的铠甲，毒蛇利齿也无法穿透。秘书鸟的爪抓握力不强，无法像短趾雕那样施展"无影掌"来对付敌人。但是它的长腿让它占尽

知识链接 秘书鸟的归属

　　秘书鸟长着鹰一般的锐利的钩嘴和利爪，它生活的环境和长腿冠鹰很相似，猎食时又像其他猛禽一样猎取活食。但是，蛇鹫除了嘴和爪以外，很难再找到跟鹰隼相似的地方。而从它的长腿和喜欢在草地上游荡觅食的生活习惯上看，蛇鹫又跟美洲鹤非常相近，飞行的姿势也很像，据此有鸟类学家又把它与鹤归入一类，不过它的食性与鹤相距甚远。孰是孰非，一直争论不休。

　　最后鸟类学家一致同意将秘书鸟归入猛禽类，在隼形目中专门为它设了一个鹫鹰科（或者叫蛇鹫科、秘书鸟科），这一科全世界只有它一种。

　　便宜，是对付蛇的威力巨大的武器——用力一踢就可以对猎物产生极大的杀伤力。在交锋中它一次次绕开蛇的正面攻击，跳到蛇的身后拿长腿踹蛇的身体。

　　蛇一次次被激怒，要反攻时却找不到敌人。最后当蛇精疲力竭的时候，它才下手进行最后一击：用利爪猛抓蛇的要害，使其毙命。有时，蛇太大，不能一举使它毙命。秘书鸟便叼起蛇飞向天空，在高空上松开嘴，让蛇摔到坚硬的地面上一命呜呼。然后把死蛇扯成一截一截，再慢条斯理地食用。

65 响蜜䴕"借刀杀人"坐享战果

有一种专吃野蜂幼虫、蜂巢的小鸟，在发现蜂巢之后，会专门把人类引向蜂巢的位置并示意人类打开蜂巢所在的树洞，然后与人类各取所需，各得其好。它们因此得名"蜂蜜向导"，也叫响蜜䴕。

响蜜䴕比麻雀大一点，背部浅灰色，尾巴和羽毛上有白色斑点。响蜜䴕的主要日常工作，就是在森林里搜寻野蜂的地下巢穴。找到巢穴是它的第一项工作。找到之后，它自己不会直接吃到蜂蜜，要找帮手，这个帮手就是人类。它与人类合作，共享成果。当它找到巢穴之后，就会飞到附近的村子里，飞到人群中蹦呀跳呀，以引起人们的注意。这种非洲鸟，非常受到当地居民的欢迎，因为人们知道，响蜜䴕可以带领他们找到蜂蜜。于是，人们见到响蜜䴕来到人群中，就会带上工具跟随它到森林里去。它在前面带路，人在后面跟着。它总是在离人五六米远的地方等着，并不住地发出声响，等到人跟上它的时候，它又

响蜜䴕发现树上的蜂巢，便会发出尖叫。

开始往前飞。当临近蜂巢时，它发出的响声会更大。到了蜂巢的所在地，响蜜䴕会在蜂巢的上空盘旋一会儿，向人们示意蜂巢的具体位置。此时，响蜜䴕的工作已经告一段落了，剩下的工作就由人来完成了，它会静静地在旁边的树枝上等待，静静地观察着人类的一举一动。通常，它可以等5分钟到半个小时。一般情况下，人们在获取蜂蜜之后，会给响蜜䴕留下一点蜂蜜和蜂蛹，因为蜂蛹是它最爱吃的。如果人们把它忘了，没有给它留下任何东西，它就会通过不停地叫来表示不满，或者把人们带到第二个、第三个蜂巢去，直到让它吃饱。

除了指引人类找到蜂蜜，响蜜䴕还有一个密切的合作伙伴。那就是蜜獾。它和响蜜䴕是邻居，蜜獾居住在自己挖掘的洞穴里。它的洞穴旁边生活着响蜜䴕。最早的时候，响蜜䴕把巢筑在树上，但由于不断受到天敌的攻击，后来就索性把巢安在离它不远处的蜜獾的洞穴里。

蜜獾喜欢吃野蜂和蜂蜜，牙齿锋利，前爪粗硬有力，适合挖土、爬树，也能够捣碎蜂巢。但是，野蜂常常把巢筑在很高的树上，蜜獾不容易找到；而响蜜䴕喜欢吃的是组成蜂房的蜂蜡和野蜂幼虫，但是，这必须把蜂巢弄碎后才能吃到它要吃的东西，但它的嘴很短，爪不发达，

响蜜䴕

知识链接 **巢寄生鸟类**

响蜜䴕跟杜鹃一样，是一种巢寄生鸟类。不过，杜鹃大部分是靠它们那鹰一样的外表把巢主吓跑，然后趁机在别人的巢中产卵。而响蜜䴕则是静静地等到巢主外出觅食时，才偷偷地钻进别人的巢里去产卵。一般情况下，响蜜䴕喜欢选择它的近亲须䴕、啄木鸟等作它后代的"义亲"。有时它也钻进棕鸟的巢里产卵。响蜜䴕的卵一般比棕鸟的卵早孵化。出壳的响蜜䴕幼雏异常凶狠，它的小嘴上生着一对小钩。待到棕鸟幼雏刚刚破壳而出，它便用嘴上的小钩将它们刺死。

没有那么大的力气来弄破蜂巢，也不适于在蜂巢中采食，于是，响蜜䴕和蜜獾这一对飞禽走兽组成最佳搭档，相互依赖、取长补短。

当响蜜䴕发现树上的蜂巢后，便会发出刺耳的尖叫，同时在树林间穿梭。一旦飞行中响蜜䴕发现蜜獾，它就飞下去啄蜜獾的头，发出暗号。蜜獾得到"情报"后，就会追随响蜜䴕来到筑有蜂巢的树下，然后爬上去将蜂巢咬碎，美美地吃上一顿蜂蜜大餐。响蜜䴕则不慌不忙地待在旁边的树上，等蜜獾饱餐离去后，它才飞过去，独享被蜜獾咬碎的蜂蜡和野蜂幼虫。

大部分的响蜜䴕的主要食物为昆虫，蜂类等膜翅目昆虫是特别受到它们欢迎的食物。但也有一种响蜜䴕比较特殊，它们不但吃昆虫，还能享用到蜂蜡，这就是与蜜獾默契配合的黑喉响蜜䴕。在自然界中，很少有动物以蜂蜡为食，因为它不易消化。那么黑喉响蜜䴕为什么敢吃蜂蜡呢？这是由它的特殊的消化器官决定的：黑喉响蜜䴕的消化器官内存在着许多酵母菌和其他细菌，能够帮助它把蜂蜡分解成可以吸收的脂肪酸。

黑喉响蜜䴕在非洲的西部一带分布较多。其羽毛单调，又短又浓，

皮肤又厚又硬，所以，当野蜂来蜇它们的时候，它们无所畏惧。它的这种能够为其他动物指引蜜源的习性非常奇异，因此人们把它们称作"导蜜鸟"、"指路鸟"。

66 会编"网"围歼敌人的座头鲸

在所有的鲸类当中，座头鲸属于鲸中"异类"。它不仅外貌奇特、行踪神秘，而且智力出众。座头鲸的背部不像一般鲸那样平直，而是向上弓起，所以得名"弓背鲸"或"驼背鲸"；背鳍很短小，鳍状肢特别长，就像鸟的翅膀。座头鲸尾叶和腹部都是白色的，背部黑色，鳍状肢前面腹部长有许多显眼的纵形肉指。只要座头鲸跃出水面，很容易就被人们认出来。

座头鲸爱吃一种磷虾，这种虾虽然很小，但是经常会几百万只群集在一起。座头鲸这种庞然大物，是怎么捕食到这么小的虾呢？

座头鲸的捕猎方法很独特，被称为水泡网捕猎法。座头鲸锁定目标后就从大约15米深处作螺旋状姿势向上游动，并吐出许多大大小小的气泡，使最后吐出的气泡与第一个吐出的气泡同时上升到水面，形成了一种管形或圆柱形的气泡网，像一张巨大的蜘蛛网一样，把猎物紧紧地包围起来，并一步一步逼向网中央，在气泡圈内几乎直立地张开大嘴，吞下网内的猎物。

座头鲸进食的时候将下腭张得很大，侧着或仰着身子朝虾群冲过去，然后把嘴

座头鲸躬身露背鳍。

知识链接 超强导航能力

　　座头鲸夏季在极地水域捕食，冬季会迁移到热带海洋，在那里进行交配及分娩。每年洄游距离达上万英里，但从来不会迷路，而且路线几乎是直线行进的。座头鲸的游动速度相对较慢，具有精确的远距离导航能力。

　　科学家发现，座头鲸的这种超强"导航能力"可能结合太阳的位置、地球磁性和星图来导航。科学家曾在16只座头鲸身上安装跟踪设备，利用卫星技术跟踪其踪迹。这些座头鲸从南大西洋和南太平洋向北游动了数千公里，但科学家仍无法破解它们如此精确导航的秘密。

闭上，下腭下边的折皱张开，吞进大量的水和虾，最后将水排除出去，把虾群吞食。如果虾群特别密集的时候它就会将尾巴向前一弹，把虾赶向张开的大嘴。

　　座头鲸是天生的表演者，喷水、跳跃、摆尾、抬头、摇鳍一气呵成，比在动物园看到的鲸鱼表演还要震撼千百倍。座头鲸最喜欢表演的节目就是喷水，它可以钻进水中快速潜水游动，只用几秒钟时间就消失在波浪中，重新露出水面呼吸时，从鼻孔里喷出一股粗短而灼热的油和水蒸气混合的气体，把周围的海水一起卷出水面，形成一股十分壮观的水柱，同时发出洪亮的类似蒸汽机的声音。动物学上叫作鲸类的雾柱。

　　座头鲸经常在水中展现高超的游泳技巧，动作从容不迫，优美动人。有时先在水下快速游上一段，然后突然冲出水面，缓慢地垂直上升，直到鳍状肢到达水面时，身体便开始向后徐徐地弯曲，好像杂技演员的后滚翻动作。有时它还会兴奋得全身跃出水面，落水时溅起水花的声音在

几公里外都能听到，尽管它的身上常常依附着藤壶和茗荷等蔓足类动物，而且携带着许多鲫鱼一类有吸盘的动物，加起来足有半吨的重量，然而这丝毫也不影响它的行动和情绪。

 虎鲸进攻计谋取胜

我们经常在海洋水族馆、电影和电视中看到虎鲸的精彩表演，它们可说是家喻户晓的明星动物。然而在海洋里，虎鲸是最凶猛的海洋动物，它性情凶猛，牙齿锋利，善于进攻，是企鹅、海豹等的天敌。有时它还袭击同类须鲸或抹香鲸，号称"海上霸王"。

虎鲸的身强体壮，体形巨大，呈纺锤形，表面光滑，皮肤下面有一层厚厚的脂肪用来保存身体的热量。虎鲸游泳的速度很快，每小时可达到 55 公里，潜水的时间长达 30 分钟。而且时常会有跃身击浪、浮窥等招牌动作，或是以尾鳍或胸鳍拍击水面。当周围空气凉爽时，虎鲸浮到水面上，打开活瓣呼吸，喷出一片泡沫状的气雾，遇到海面上的冷空气就变成了一根水柱。虎鲸偶尔会集体搁浅，群体有时会被困在潮池或海湾中。在北极与南极海域，因为风吹而快速产生的浮冰对虎鲸而言是一大麻烦，有时会因此迫使它们停留于水面开阔的小水域里相当长的时间。

虎鲸在捕食的时候还会使用计谋，先将腹部朝上，一动不动地漂浮在海面上，

身强体壮的虎鲸

知识链接

驯化虎鲸

由于虎鲸智力出众，可以通过驯化来完成一些特殊的任务，例如美国海军夏威夷水下作战中心，每年要花费数百万美元来训练一支动物部队，虎鲸就是其中的主要成员之一，可以进行深潜、导航、排雷等工作。人们还训练虎鲸打捞海底遗物，播放虎鲸的声音吓跑海水中的海兽，或者把它当成海中警犬，看护和管理人工养殖的鱼群等。

很像一具尸体，当乌贼、海鸟、海兽等靠近它的时候，就突然翻过身来，张开大嘴把它们吃掉。猎捕海狗时，会在满潮前观察直达海滩的裂缝沟渠，当满潮时沟渠会灌满水，并在沙滩上形成一片浅水域，此时虎鲸会沿着沟渠冲上海滩，并故意让自己搁浅，以趁机捕食海狗或海狮，有时一只虎鲸会露出大背鳍吸引海狗群的注意，这时另一只虎鲸就会悄悄地靠近捕杀海狗，当猎物脱逃时，另一只虎鲸就会冲上去接替捕食。

虎鲸虽然身形巨大，但这不妨碍它做出一些令人难以置信的高难度动作，比如空手道中的掌劈。当虎鲸要把鲨鱼赶出水面时，它会采取这行的策略：虎鲸通过尾巴产生的上升力，制造一个旋涡，将鲨鱼置于其移动时形成的水流上。等鲨鱼露出水面的时候，虎鲸就会转动它那强大的身躯，同时将尾巴伸出水面，然后，就像施展空手道中的掌劈一样朝鲨鱼劈过去。鲨鱼虽然凶猛，但是在虎鲸面前，根本抵不住它这一劈，一旦被虎鲸劈中，马上就会晕过去。此时，虎鲸会抓住被劈晕的鲨鱼并把它翻转过来，迅速地处置鲨鱼。

虎鲸通常都是群居的生活。它们在一起游行、捕食，互相依靠着生存。因为虎鲸的肺部充满了足够的空气，每天总有2～3个小时露出巨大的背鳍，静静地待在水的表层，所以能够安然地漂浮在海面上。群体成员间的

胸鳍经常保持接触，睡觉时也扎成一堆，这是为了互相照应，并保持一定程度的清醒。如果家庭成员中有人受伤，或者发生意外失去了知觉，其他成员就会前来帮助，用身体或头部连顶带托，使其能够继续漂浮在海面上。

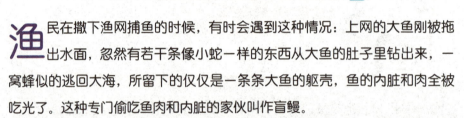

68 会使苦肉计的盲鳗

渔民在撒下渔网捕鱼的时候，有时会遇到这种情况：上网的大鱼刚被拖出水面，忽然有若干条像小蛇一样的东西从大鱼的肚子里钻出来，一窝蜂似的逃回大海，所留下的仅仅是一条条大鱼的躯壳，鱼的内脏和肉全被吃光了。这种专门偷吃鱼肉和内脏的家伙叫作盲鳗。

盲鳗身长只有约 50 厘米，圆棍状的身体里全是软骨，所以身体很柔软；大量的黏液从他们的皮肤里分泌出来，这就使它们在鱼的体内活动时不会有丝毫的阻力。它们虽然生活在水中，但是游泳的能力却是非常低下，游得快的鱼，它们是追不上的，成为它们的攻击对象的，主要是游的慢的鱼、生病的鱼或者被钓住游不动了的鱼。

盲鳗跟鳗鱼很像，但是却没有眼睛。实际上，它们有眼睛，但是却看不到任何东西。这跟它们的生活方式有关系，它们常年在鱼的肚子里"摸爬滚打"，靠吃大鱼的肉为生，一直过着寄居的生活。试想，鱼的肚子里没有任何光亮，漆黑一片，眼睛再好也没有用处，时间长了，盲鳗的眼睛

寄居大鱼体内的盲鳗

会分泌黏液的鱼

知识
链接

盲鳗的腹侧有一排黏液孔，里面有一粒粒肉眼可见的黏液腺。当它遇到危险时，便会大量分泌黏液使掠食的鱼类胃口尽失。当脱离险境的时候，盲鳗便会将整个身体先打个"结"，再将"结"往身体后方逐渐推送，利用"打结"的行为会去除黏液。

盲鳗的打结行为可用来去除黏液、取食或脱身。

就渐渐地退化了。虽然它的眼睛看不到，但是嗅觉却异常灵敏。盲鳗靠着嘴边生着的几根须替它侦察敌情、寻找寄主，同时，也能察觉到鱼体内的一切情况。

盲鳗的生理结构很特殊，它不但眼睛不好使，而且还没有真正的上下颌，钻孔状的口内有强有力的舌头，锋利的角质牙齿就长在舌头上。盲鳗进入鱼体内的方式很特别，先是用舌头锉磨、刺破鱼的体壁，然后再钻进去，鱼的鳃部是它们喜欢进入鱼体内的主要渠道。盲鳗进入鱼体内之后，鱼的内脏是它们的首选，其次是鱼肉，直到这条鱼被吃得只剩下一副光秃秃的鱼骨架、空空的鱼皮时，它们才会钻出来寻找下一个目标。盲鳗非常贪婪，它一边吃一边排泄，相当于自身体重的 2.5 倍的食物，它们能够在 1 小时之内吃光，如果一条鳗鱼重 250 克，那么它一小时就要吃掉 625 克左右的食物。盲鳗通常是群体出动，集体作业，一起吃同一条鱼，曾经有人在同一条鱼的肚子里找到了 123 条盲鳗。上百条盲鳗同时进攻一条鱼，恐怕再大的鱼也没有反抗的余地了。

盲鳗常常被人们误以为是小海蛇，因为它的身子细长，体型浑圆，跟小海蛇很像。它在水里，就像蛇一样弯弯曲曲地前进。盲鳗的嘴呈圆形，其实是个吸盘，吸盘里有坚硬的牙齿。就是因为有这样奇特的嘴，所以它敢于向大自己许多倍的鲨鱼发起挑战。

盲鳗从来不与鲨鱼正面交锋，而是采取"苦肉计"钻进鲨鱼的肚子里。盲鳗总是出其不意地用吸盘似的嘴吸附在鲨鱼身上。而鲨鱼并没有把盲鳗当回事。于是盲鳗慢慢向鲨鱼的鳃边滑过去，趁着鲨鱼不注意，盲鳗悄悄地从鲨鱼的鳃钻进了它的体内。这时，鲨鱼才发现上当受骗了。盲鳗进了鲨鱼的体内，就开始兴风作浪。肆意大吃大嚼鲨鱼的肌肉和内脏，而且一边吃还一边排泄，过不了多久，鲨鱼就变成了一张空皮囊。

蜘蛛结网以逸待劳

蜘蛛在人们眼中是一种可恶的、有害的动物，只要一看到它不是避之不及就是冲上去消灭它。然而，我们不得不佩服它卓越的结网才能，而这也是蜘蛛主要的捕食手段。蜘蛛主要捕食昆虫，有时能捕食到比自身还要大的动物。因为蜘蛛的口构造特殊，使得它只能吸食液体食物。当捕获猎物时，先用毒液麻醉或杀死猎物，分泌出消化液，经过猎物的伤口，注入猎物体内，先进行体外消化，等到猎物的软组织被分解和液化后，吸入体内，再到体内消化和吸收。

蜘蛛腹部的纺织器上有几百个极其细微的小孔，从这些孔喷出的液状

蜘蛛结网捕食。

知识链接 蜘蛛结网时为什么不会粘住自己?

蜘蛛的腿跟会分泌一种特殊的油状液体,这种液体起着润滑作用,让蜘蛛可以来去自如,如履平地。蜘蛛腹部的末端有好几个纺丝器,可以纺出不同的蛛丝。有的蛛丝没有黏性,有的有黏性。蜘蛛织网的时候,先用不带黏性的蛛丝织出支架,然后由中心向外放射出辐丝,再用带黏性的蛛丝,织出一圈一圈螺旋状的螺丝。

蜘蛛只要不碰到这些螺丝,就不会被黏住。

因为蜘蛛都是在不带黏性的蜘蛛丝上移动,所以就不会被粘住。

知识链接 食鸟蛛

食鸟蛛有喷丝织网的独特本领,捕鸟蛛织的蛛网能经得住300克的重量。它在树枝间编织具有超强黏性的网,一旦小鸟、青蛙、蜥、蝎和其他昆虫落入网中,必定成为食鸟蛛的口中之食。食鸟蛛喜欢在夜间活动,白天隐藏在蜘蛛网附近的巢穴或树根间,发现有猎物落网,就迅速爬过来,抓住猎物,分泌毒液将猎物毒死。

的纤丝遇到空气后，便凝结成一条极细的丝，由几百条甚至上千条这种细丝凝聚成一股我们肉眼能看到的蛛丝。蜘蛛结网后，并不会一直蹲点守在网上，而是躲在另一个没底的巢里"守株待兔"。这个时候也许你会问，如果昆虫落网了，蜘蛛怎么知道的呀？其实，在巢跟蜘蛛网之间有一条特别的丝连着。只要有昆虫落网，便会触动这条丝，蜘蛛便会感觉到。在蜘蛛的地盘上，当昆虫落网后，就会被蛛丝黏住，动弹不得。这时蜘蛛马上改变战略从巢中迅速爬出来，主动出击。它在网中穿梭自如，挥动螯肢抓住昆虫，螯肢内的毒腺分泌出的毒液注入昆虫体内将其麻醉或者杀死，然后迅速地吮吸昆虫的血液和体液。

不同种类的蜘蛛捕食方法各不相同。会结网的蜘蛛会用具有黏性的网设下陷阱以逸待劳来伏击捕捉猎物。利用蜘蛛网或伏击战术的物种对空气、地面和丝线的震动极其敏感，它们以此作为警报器。主动攻击的蜘蛛视力超强，它们拥有比蜻蜓还准确十倍的视力。有些蜘蛛对不同的猎物还会使用不同的战术，并且在实践中不断学习，积累经验。

萤火虫用"美人计"捕获蜗牛

也许大家都会唱"萤火虫，萤火虫慢慢飞……"这首歌，可是见过萤火虫的人就不多了吧。小小的萤火虫在春夏的夜晚发出莹绿色的亮光，非常漂亮。萤火虫会发光，其实是荧光素在催化下发生的一连串复杂生化反应；而光是这个过程中释放出来的能量。不同种类的萤火虫，发光的形式各不同。

萤火虫喜欢栖息在温暖、潮湿的杂草丛中。它的寿命很短，50 天由蛹变成虫，成虫平均只有 5 天的生命。萤火虫以软体动物为食，比如蜗

萤火虫

牛、钉螺等。也许你会觉得不可思议，蜗牛背着重重的壳，钉螺也带壳。萤火虫采用什么手段能捕食到这类带壳美食呢？

当然，为了吃到美味的蜗牛肉作出一些小小的牺牲还是值得的。于是萤火虫开始施展"美人计"，由于身材比蜗牛小，更显得"小鸟依人"。为了讨好蜗牛，萤火虫会飞到蜗牛的背上帮它"捶背按摩"，起初蜗牛是

知识链接　神奇的"冷光"

萤火虫发出的光，是一种神奇的"冷光"。科学领域中，冷光的作用不可取代。矿井中使用冷光做照明灯，可以避免引爆瓦斯；水下扫雷采用冷光照明，可以避免电灯产生的电磁干扰；在军事侦察时，把冷光物质涂于手掌，在黑暗中可查地图看文件，不被敌方发现；在临床上可以用冷光来诊断某些疾病；还可以利用不同色彩的冷光，使装饰品更加绚丽神奇，像荧光耳环、手镯、项链、眼镜框、渔具等。

带有戒心的，当然是缩在壳里不出来，后来实在禁不起温柔攻势，开始慢慢享受，于是就将身体伸出壳外。下手的机会到了，萤火虫就会立刻伸出头上带钩子的颚迅速扎入蜗牛体内。这可不得了，萤火虫的头上的颚分泌出的麻醉毒液注入蜗牛体内，蜗牛遇刺后，全身瘫软，动弹不得，再也不能缩回壳里了。

难道这次狩猎就要结束了吗？还没呢。蜗牛被麻醉后，萤火虫还是没办法吃呀。于是萤火虫发起第二波攻击，还是用头上的颚，狠狠在蜗牛身上扎上一针把消化液注入蜗牛体内，眼睁睁盯着蜗牛肉溶解化成汁，这个时候萤火虫才满意地结束了狩猎。